創元アーカイブス

夢の意味

C・A・マイヤー 著
河合隼雄 監修　河合俊雄 訳

創元社

本書は1989年〜1996年に創元社より刊行された『ユング心理学概説』（全四巻）のうち、第二巻『夢の意味』（1989年刊）を復刊したものである。本文中にある「第◯巻を参照」といった記載については、本書の内容と関連の深いものもあるため、復刊されていない旧版の巻数・頁数などをそのまま残すことにした。

序

「病気になることなしに自分の内界に戻っていくことができるように人は生まれついているに違いない」。[※] 自分をむしばむことなく自分自身の内へ健康なまなざしを向けること、妄想や作り話でなく澄んだ目でもって探究されていない深みにあえて入っていくことができるのは、稀有な資質であるのみならず、そのような探究の結果は世界と学問にとってめったとない幸運である。

ゲーテ、一八一九年

ユングは終生にわたって、きわめて深い確信に基づいて、非常に徹底して患者たちの夢を扱った。それゆえに、「夢は無意識への王道である」という諺と化してしまったフロイトのことばをユングは完全に自家薬籠中のものとした、とみなしてよいであろう。ところが、彼の膨大な出版物によって彼の治療上の多くの経験が一般に知られるようになってみて、ユングの著作物の中で夢の占める割合は意外にも全く小さいものであることがわかるのである。それどころか、夢というテーマを詳しく扱ったのは、四つのごく短い論文でしかないのである。[*1]

ユングは折にふれ、夢でなく能動的想像《アクティブ・イマジネーション》が無意識への本来の王道であると言っていた。しかし、この真にユング的なテクニックはこの巻では話題とされない。なぜなら夢の問題自体が、すでに十分に困難で広大なものなのである。

夢についてのユングの筆になる大きなまとまった論文がないことは確かに残念であるけれども、幸いにもチューリッヒ工科大学でのセミナーでユングは再三このテーマに取り組んだ。私は、一時は彼の助手として彼の代わりを務め、後になってからは独立してセミナーを催すという形でチューリッヒ工科大学での彼の後任を引き受けたので、このテーマについてのユングの覚え書き[*訳注1]を頂戴したという恵まれた立場にある。それゆえ幸いにも、この巻で私が述べる多くのことは、このようにしていわば真正のユング的見解を再現している、と宣言することができる。この宣言でもって、本質的には独立的な論文である、これから述べる私の詳論の後ろ盾をしようというつもりはなく、むしろユングの気前のよさに謝意を表したいのである。

ユングの書いたもので夢を徹底的に論じたものがない深い理由は、人間の心から生み出されるものでまさに夢ほど複雑なものはないということにあろう。例えば私が有しているような（約五万の夢の記録）かなり大きな資料に含まれていることを述べるためには、今日もなおいかなる見通しもないのである。やっと数年前になって、そのような資料から統計的評価によって平均的な夢の内容と主題を導き出そうとする最初の役に立つ試みが登場した。[*2]全く自然な条件のもとで生じた夢についての「ベースライン」を有するようになれば、それからの逸脱を量的質的に判定することができ、逸脱のしかるべき意味を判定することが本当に可能になろう。しかしながら、それが可能になるまでにはなお多くの年月が過ぎ去るであろう。それゆえに我々はなおも当分の間は、経験というかの非常に賞賛されてきたものや、心理学的直観や、多少とももっともらしい推測、に頼り続けることになるであろう。なぜなら、ある決まった夢のモチーフがどの程度に平凡（別のことばで言うと、頻繁）であるかを知るまでは、我々はその重要性や「無価値性」をほとんど判断できないからである。

それゆえに、夢の現象学それ自体が非常に魅力あるものなので、その魅力のゆえに学問的な知識衝動がかき立てられ、現状がなおきわめて不満足に感じられるほどであるということがなかったとしたら、私はここで筆を置き、我慢せねばならないところであろう。つまり無理強いせずに「昔のままにしておく」こともありうるのである。

フロイトの記念碑的な先駆的作品『夢判断』[*3]は、疑いもなく「昔」に属するであろう。偉大な巨匠の功績をけなすつもりは毛頭ないけれども、フロイトは自分の新仮説のために、法外に複雑な現象の全体的記述に必要である多くのことを省略せねばならなかった、と言わねばならない。まさに事態の複雑さのゆえに、さしあたり単純化へと強いられることになるわけであるけれども、フロイトの例が示すように、これもまた全く実り豊かなものとなりうるのである。

それに対してユングは、いくつかの切迫した問いを提示したけれども、それらを未決のままにしておいたので、全体像を生み出すことはできなかった。

まさにユングの死の直前になって、現代の実験的生物学は眠りと夢への全く新しい接近法を開発し始め、そしてその結果はまだ見通しがたっていない。しかし将来において、それらの研究を夢の全体像から抜かすことはできないであろう。[*4] ゆえにユングの賢明な差し控えはすでにア・ポステリオリ[*訳注2]に適切であったことが証明されていることになり、さらに将来において、夢を理解するための全く新しい観点がなおいくつか現れることが望まれる。

しかしユングは、フロイトにおいてなお未解決であった夢についての多くの問題に、いくつかの重要な提案をなしたと思われる。そしてすでにこの理由からして、彼の見解の概観を提示しようというこれまでまだ試みられていない計画が必然的に生じてくるのである。

謝辞としてここで、この巻の起草についてもチューリッヒ工科大学のエステル・T・タイラー遺贈から寄付金を受けたことを述べておきたい。

夢の意味　目次

装幀　鷺草デザイン事務所

私の妻、われわれの子どもたち、
そして、その子どもたちに。

第一章　方法論への原則的なこと

コンプレックス心理学においては、調べられるべき現象に対して、文化比較的な、あるいは歴史的な観点から接近していくことが通例である。この方法は次に示すようないくつかの根拠からみて適切なものである。

第一に心、特に無意識は、まさにその定義からして全く未知なものであるので、それについてできる限り先入観を抱かないようにしなくてはならないからである。それゆえ、これらの概念、あるいはより正確に言えば表象が、幾世紀もの間にどのように発展してきたかを示すことのみが有用なのかもしれない。

第二に心は人間の性質のなかで真に不変なもので、必要な変更を加えつつも、いつにおいてもどこにおいても変化しないものであるから。いくら一生懸命にやっても、人類の歴史の最近代の発展においてさえも、何も新しいことは見つからない。個々人の場合における新しいことは、ひとりひとりに自然に即して前もって与えられている意識発展の枠内での、その都度のさらなる一歩に「しかすぎない」。創造的な行為もこの例外ではなく、一般的あるいはより一般的に妥当する真理が一時的に意味を帯びて生み出されるにすぎないことがわかる。このように相対化して見れば、「夢の科学」[*5]は、少なくてもそれが素材についてすでに存在している知識を忠実に集めている限り、すでにそれとして可能である。しかしその際に開放性は保持されていなければならない。それは残念ながら多くのフロイト派の人々に欠けていることである。フロイトにおいて当然な発見の喜びとして大目にみられうることも、彼の継承者たちにはもはや通用しない。彼らは遺憾にも、多くの新しい研究結果にもかかわらず、古いシェーマを独断的に擁護しようとしているのである。

第三の理由として一般的同意そのものが偏在的―同一的な人間の魂の鏡であるから。かくして一般的同意のことばは心的な事実性にいくらか一致しているに違いないし、真剣に受けとめられることを要求できるのである。

それゆえに、非常に広範な民族と時代とを展望し、それらの民族が夢について何を経験し考えたかを本気で考慮するための理由は十分に存在している。あらゆる文化における夢理論の包括的な評価は非常に望ましいものであろうけれども、それは当然ながら個人の力をはるかに上回る試みであろう。そのためには、同時にこれらの民族の人類学、文化、宗教についての完璧な知識を自由に駆使せねばならず、それもやはり個人の能力を越えている。かくしてこの本の文化比較―歴史的な部分では、すでによく知られており、比較的労少なくして今日の心理学用語に移しかえられるような少しばかりの例で得心せねばならないであろう。

すでに示唆しておいたように、最近では科学的な、いやまさに自然科学的な夢研究が存在している。しかしその研究者たちは、嫉妬深く科学性を気にかけて、夢の意味についての問いに直面することを避けている。我々は彼らから、夢に関係している神経生理学的条件、関与している脳構造や類似の生物学的要因について多くのことを聞いている。我々はまた、覚えているか否かにかかわらず、あらゆる人が規則的にリズミカルな間隔で一番に四～五回夢を見ることを学んだ。また夢の実験的な剝奪はよからぬ効果をもち、補充のための夢需要を引き起こすことを知った。この最後の十分に確証された事実は、夢が少なくとも生物学的に必要であることを明らかに物語っている。これらすべては非常に重要なことであるけれども、夢の意味についてのニコデモス的問い[訳注3]はそれによって一向に答えに近づかない。自然科学者の因果的問題設定にとって、ある現象の意味はどうでもいいことなのである。それでも、あらゆる民族、あらゆる時代において夢が昔から畏敬されてきたことは、夢がきわめて意味深いものであるという一致した確信に基づいているのである。聖書の話、古代、中世、ロマン派を思い起こしさえすればこのことを確かめることができる。

　科学的な心理学はもっぱら意識の現象のみにかかわっているが、それに対し夢は生粋に無意識的な心の産物である。それはそもそも自発的な自然産物として理解されねばならない。それゆえに夢は、意識的産物に妥当するのと異なる法則に従うであろう。法則、すなわち不変の関係は、夢においても——我々がそれを自然産物とみなすなら——見出すことができよう。すでにこのシリーズの第一巻[訳注4]で、無意識的な心が決定的に関与している事象が扱われた。さてこれは夢に特に該当することである。なぜなら夢は「無意識的な瞬間において」（ゲーテ）のみ、つまり眠りにおいて生じるから。夢はまさに無意識のほぼ妨げられていない活動として理解できるのである。いずれにせよ、この見解はアセリンスキー[6]、クレイトマンとデメント[7]以来の実験的結果によって支持されている。それらは、たとえ何も記憶に残っていなくても、どの人においても、それどころかあらゆる高等な脊椎動物において、睡眠中にリズミカルで規則的な夢活動が生じていることを示したのである。しかし、これらの研究者によって達せられた夢の実験的な客観化可能性にもかかわらず、なぜある夢が思い出せて他のは思い出せないのかを理解するにはまだほど遠い。もちろん想起できるためには、ある残留する意識の存在が仮定されねばならない。そうしたところで、ただ記憶可能性が理解できるだけである。夢の実験室における装置（第二章の4参照）と同じくらい、記憶可能性は客観的意味と無関係である。たとえ万が一夢を見ている時の脳の電気的信号を直接に解読し、同時に夢をスクリーンに映すことに成功したとしても、夢を見る人の無意識な心的組織の外に存在するアルキメデス的観点が欠けているという原理的な難点は取り除かれないであろう。この点では夢の心理学は、物理学が観察者と観察される系との間の分裂の問題、すなわち有名な主観／客観—関係の問題に遭遇したのと全く似た状況にある。無意識的な過程の心理学とは、主観と客観の間の境界をできる限り客観の方へ移そうとする英雄的な試みに他ならないのである。心理学では主観（観察者の心）が純粋に心的で内的であるのに対して、先に述べた実験室では客観が部分的に物理的—客観的で外的である。さて、二つの間に一種の不確定性（ハイゼンベルク）[*訳注5]があることがわかる。なぜなら一方が正確に定められれば定められるほど、他方のことが不正確になるからである。いやそれどころか主観があまりに深く客観に押し入ると、統制できないくらいに客観を乱してしまうので、それが全く抹消されてしまうくらいである。自分の夢を「ひっとらえる」ことに格別に熱心な人々が、まさにこの態度のゆえに、夢を追いやってしまっていることが私には思い出される。さらにはフロイトにおいても、抑圧や検閲者という意識の子孫が夢を忘れることの原因をなしていると考えられていることが思い起こされる。絶えず精密になっていく神経生理学的研究によって我々は夢現象を乱し、それどころか破壊しており、調べるべき現象をますます少ししか明らかにできないような、よりいっそう細分化していく結果で夢現象をすり替えてしまった、とすらみなすことができる。このような考えのゆえに、ニールス・ボーア[*8]はすでに一九三三年に、相補性という自分のアイデアを物理学と心理学との関係にも広げることに思い至った。ここでの連関できわめて重要なパラグラフをいくつかあげてみる。

「一方における時間と空間における光伝播の連続性、他方における光作用の原子的性質は、それぞれが独立に光現象の重要な特色を表しているという意味で、一つの同じ事柄の相補的側面として理解されねばならない。たとえ力学の立場からは相いれないものであっても、それら二つの性質は決して直接に対立しないのである。なぜなら、力学的観念に基づく一方あるいは他方の特色の詳しい分析は、互いに排他的な異なる実験配備を必要とするから……」

「……ゆえに、定常状態という概念を明白に使おうとすれば必ず、原子の中の粒子の運動の力学的分析との間には相補関係が生じ、それは先に述べた光量子と電磁的な放射理論の間の関係に相応している……」

「相対性の概念が、物理的現象を空間と時間の中で位置づけるために用いられる関係系への物理的現象の原則的な従属性を示しているのと同様にして、相補性という概念は、観察手段に独立な現象が存在するという我々の通例抱いている観念が、原子物理学において突きあたる根本的な限界を象徴している……」

「……機械的概念を生きた有機体に適用できるかという問題を扱うにあたって、我々は有機体を別な物質的客体のようにだけみなしてきた。それでも、物理学的研究に特徴的なこの態度が生命に結びついた心理学的事象を決して無視していないことをことさらに強調する必要はないであろう。むしろ、原子物理学における力学的観念の限界についての認識は、生理学と心理学を特徴づける一見相いれない観点を融和させることに適しているように思われるのである。原子力学において測定器と研究対象の間の相互作用を考慮に入れる必要性があることは、心理学的分析において直面する困難さ、すなわち、意識の内容のある要素に注意を向けようとするや否や、意識の内容が変化するという事実に原因する独特な困難さのことを思い起こさせる」

W・パウリは一九五〇年にこの問題について次のように述べた。[*9]

一方では現代の心理学は無意識的な心のきわめて客観的な現実性を実証し、他方ではあらゆる意識化、すなわち観察は無意識的な内容への根本的で抑制のない介入を意味している。それによって無意識の現実性の客観的な性質は限定され、同時にその現実性が主観性を帯びてくる。

このことから、主観／客観という関係において、その間の境界を豪胆に客観の方へ押しやることで、物理学においてはついに心へ、心理学においては物理学に突き当たるであろうことが推論できる。これはすなわち、心的なものは常に心的な手段によってのみ観察され表現されうる、という昔から知られた事実を、少し複雑な仕方で言い表しているだけのことである。これはシュリングのある論評を思い起こさせる。*10

あたかも精神界における永遠の太陽のように自分自身の澄んだ光で身を隠し、決して対象にならないにもかかわらず、あらゆる自由な行為において自分の同一性を証するもの、すなわちこの永遠の無意識は、同時にあらゆる知性にとっても同じようなものであり、あらゆる知性がそれによる力にすぎないような不可視の根源であり、我々の内で自らを規定していく主観的なものと客観的なもの、あるいは観照するものとの間の仲介者であり、同時に自由における合法性と合法性における自由の根拠である。

それでも今日の科学的方向をとる心理学者は「我々が知ることは決してないであろう」と言う必要はまだない。なぜならそれにもかかわらず、少なくとも少しは助けになる夢研究の方法が若干あるからである。それらについては次の章で扱おう。

第二章　夢研究の方法

1　合理的方法

先述の原理的で避けられぬ困難さを自覚している限り、我々は一時しのぎの間接的方法で間に合わすしかないことがわかる。ここですぐに買って出るのが比較による観点である。例えば夢という無意識の産物を意識という手段で捉えようとすることができる。つまりそれを意識に関係づけ、意識を一緒に考慮に入れるのである。これは例えば次の二種の仕方で行うことができる。

(a)　意識一般における観念流出と夢における観念流出を比較すること。集中的な仕方ではそのような比較はエミール・クレペリンが『夢における言語障害』[*11]において行った。包括的な形では『正常な夢の法則』[*12]というK・レオンハルトによる試みがある。ロバート・ボザードも『夢意識の心理学』[*13]において似た試みを行っている。そのような考察方法は、統計的評価が可能な、非常に膨大な量の夢に基づいている場合だけに、実証力のあることは明らかである。そうすれば、フロイトが全く直観的に行っていたのと同じように、方程式を立てることが原理的には可能になろう。残念ながらフロイトにおいては方程式の一辺が常に性であり、そのことに関しては、このような不当前提の形をとって彼自身の心理学が理論に影響を与えたと想定せざるをえない。ゆえにそのような方程式を急いで立てることは避ける方がよかろう。

(b) 個人の意識状況や夢を見た人の現実の状態と夢表象を比較すること。このような考察方法は極端な場合から始めるのが最も適しているので、たいていのそのような調査は、病気の資料に基づいて医者が行っている。例えばある患者が際立った劣等感を抱いているとするなら、この事実が夢にどのような形で反映しているかに着目して夢を調べることができる。さらにはこの方法によって、あるモチーフが夢のシリーズのどこでピークをなして現れてくるかを調べ、このピークが夢を見た人のどのような意識表象や外的状態と符合しているかを確かめることができる。

この方法を用いてユングは自分の夢資料をふるいにかけ、ある決まった夢の像やモチーフに、例えば「影」、「アニマ」、「マンダラ」などのような特別な名前を与えた。これについては『個性化の過程の夢象徴』[*14]を参照されたい。この論文でユングは、『心理学と錬金術』[*15]において試みたのと同じような、この種のものの最初の統計的試みを行っている。

いくらか信頼できる相関が生じるためには、方法1の(a)も(b)も当然ながら膨大な量の夢を必要とする。これは、二つの既知のものの間の関係、あるいは少なくともある既知のものとある比較しうるものとの間の関係が問題である、と仮定している点で合理的な方法なのである。

2　拡充法

夢を扱うのに拡充を用いることは、ユングの始めた方法の一つである。それはどのような夢にも適しているのでなく、むしろ他の方法で満足のいく結果が得られなかったような夢に向いている。その上に拡充は、夢を見た人がほとんど、あるいは全く個人的経験を連想できないにもかかわらず、夢のシナリオの中で重要な役割を演じているような個々の夢要素に限って用いられる。拡充は、印象深いけれども未知な性質をもっている要素に対して使用されるのが典型的である。しかしそのようなイメージは、暗示、簡潔な表現、断片的なことばの形しかとらないことが多いので、重要なことは知られざるままになる。

文献学者が新発見されたボロボロになった古いテクストに遭遇し、それを復原せねばならないなら、不明な個所に相応する部分がよりよく原型をとどめている類似の所から構成要素を取ってきて、判読を行うのが常である。これは拡充がどのようになされるかをすでに簡潔に示している。我々は相応する理解できない夢要素を、本来ならばよく保存されているはずのテクストにおける脱落個所のように扱い、その際当然ながら、当該の夢モチーフが埋め込まれている枠の中にとどまるよう努めるのである。すでに述べた二つの方法とは対照的に、拡充に際しては個々のケースにとどまり、それを広げるよう努めるのである（amplus + facio から成るラテン語の amplificare は、拡張する、伸ばす、増やす、高める、明らかにする、を意味する）。それによって、方法としての拡充は、全く同じ客体、すなわち夢の心的内容のそばにもとどまり続ける。つまり拡充は、夢の内容をそれを見た人の意識に結びつけるよりも、むしろ無意識の中にとどまることを求めるのであり、ゆえに主観／客観―関係は拡充にとって大きな問題でない。

この拡充の作業が行われた後で、夢のその個所の意味がひらめき現れ、いわば新しい要素として現れ、それによって夢を見た人の意識との関連も明らかになる、ということが生じることがある。その意味は拡充の結果としていわばひとりでに生じたのであり、その際にこの関係はまさに新種の体験として現れ、おのずから信服させる力をもった、意識の変容をもたらすような作用を持ちうる。残念ながらその方法は抽象的なデモンストレーションに向いていない。なぜなら、すぐになるほどと思わせるようなはたらきは、きわめて主観的な事象であるから。この理由からして、その方法は治療にウェイトを置いており、それはここでの話題でない。しかしながら、無意識の現象が決定的な役割を演じているような心理学的見解は、精神病理学の領域に非常に強い影響を及ぼしているのが通例なので、この方法をそのような例で説明するのも得策であろう。このためにはある事例の病歴を手短に示すのが必要で、ここではこの特別な夢を論じるために必要なデータのみをあげることにする。

当時五十七歳のその患者はアメリカの法学者で、非常な成功を収め、重要な地位を占めていた。彼は幸福な結婚生活を送り、二人の子どもを持っていた。数年前から彼は非常に重いメランコリーに苦しみ、その間をいくつかのアメリカの療養所で過ごしたけれども、何の効果も得られなかった。その当時はまだ向精神薬がなく、デプレッションに対してはインシュリン・ショックが知られているだけであった。しかしこの方法は用いられなかった。

彼は精神的、身体的に麻痺しており、彼に話をさせるのはほとんど不可能であった。このような状態で、妻にほとんど引きずられるようにして、彼は私の診察時間に現れた。彼は私のわずかな質問にもほとんど答えることができなかったので、私はそのような状態の心理学的背景をなしていると考えられることについてと、それの夢への現れについて短く講義調に物語るだけにした。申し立てによれば、それまでに患者は夢を見たことがなかった。最後に私は彼に、それでも夢に気を配るように、と告げた。二日後に彼は、一枚の紙を手にしてやってきた。その紙には彼が口述した夢を彼の妻が書きつけてあったのである。それは次のようであった。

> 私は、普通の川や湖でなく、様々の部分に区切られた貯水池で鱒釣りをしていた。私は普通の釣り道具（蚊鉤など）で釣りをしていた。それではうまくいかなかった。いらいらと気が高ぶったので私はそこにあった三叉の矛をつかみ、そしてすぐさまに見事な魚を突き刺すことができた。

用いられる拡充にとって病気の経過が全くどうでもよいものというわけではないので、読者に短い病後歴を示さねばならない。この初回夢からして十日のうちに、メランコリーが次第にとれてきて、ついに全く治癒してしまった。患者はなお数か月私のところにとどまって、分析的治療を行い、そして死ぬまで心的に健康であった。

　夢については後の章で論じることになるであろう。それに対し、ここではある一つの要素、すなわち三叉の投槍の拡充のみを行うことにする。先取りして述べておくと、この患者は極度の無力状態に陥っていて夢に対して一言も言うことができなかったので、私の方は、状態が素早く快方に向かうきざしが明らかに現れていることを彼に言う気になったのである。

　ある夢要素が夢の中で大切な役割を演じているのに、夢を見た人がそれについてどうしても何も思いつかない時には、ユングの述べているように、客観的な比較材料を出す、つまり拡充することが試みられる。[*16] 漁具としての三叉は確かに太古から使われていて、今日でも例えばシシリーやプロバンスでフォエーネと呼ばれて用いられているけれども、このことを患者が知っていたはずはないであろう。なにしろ彼は全く現代的なアメリカ人であるから。今日では非常に普及している、鉄砲と三叉を用いて行う水中—スポーツ魚釣りも、当時（一九三七年）まだ知られていなかった。かくして最も近い連想としてポセイドンの三叉のことが思いつかれる。古代の神話のモチーフに関しては、ケレーニイ[*17]の本やW・H・ロシャーによる著名な『ギリシア・ローマ神話辞典』[*18]によって、必要な類似の素材をたやすく見つけることができる。ギリシア・ローマの神々の顕現は、すでに我々がアルテミドル[*19]から知っているように、単にその持ち物の一つが現れることによって生じることが多い。さて以下に、ポセイドン（ローマではネプチューン）神話の重要な資料についての概観を示す。ゼウス、ポセイドン、ハデス、ヘーラーはクロノスとレアーの四人の子どもたちである。くじによって（イリアース、XV、一八九以下）自分の勢力範囲としてゼウスは天界、ポセイドンは地上と海、ハデスは冥界を得た。

1. ポセイドンはまず第一に大地を震動させるもの、地震を引き起こすものとして崇拝された（ennosigaios, enosichthon = 大地を震動させるもの）。しかし彼はまた大地を保つもの、大地の夫であり（gaieochos = 大地を動かすもの）、安全と堅固さ（例えば地震に対して）を与えるアスファレイオス（asphaleios）なのである。

2. 第二にポセイドンは嵐の神である。波と雲は嵐に駆り立てられる彼の馬である（英語で white horse は泡立つ白波を意味する）。海の霊や風の霊は彼に従う。彼はきわめて感情的で、アンピトリテ[*訳注6]をはじめとして、ゴルゴ、復讐の女神たち、デメーテル、そしてその他多くのものと情熱的なロマンスを演じたのである。彼とゴルゴの間にメドゥーサが生まれ、メドゥーサからクリュサオルとペガススが生まれたのである（6参照）。

3. 海神としてポセイドンは海の老人（halios Geron）であり、ネーレウス、グラウコス、トリトン、プロテウスも彼に属している。

4. ポセイドンは、内陸や陸水の神でもあり、彼が三叉を大地にさしたり、馬として蹄で大地をひづめで叩いたり（Hippokrene＝馬の泉）した所に生じた泉の神でもある。乾燥した時には、彼は水（雨）の世話をし、ペスイオス川がテッサリアに流れ込んだように、水が流れるよう面倒をみるのである。三叉を打ち込むことで彼は谷を開き、例えばボスポロスやヘレスポントにおけるように、様々な海の間に流れていく、航行可能な連絡をつけるのである（地震のポジティヴな意味、1参照）。

5. ポセイドンは植物の成長に対して責任があり、それゆえにゲオルゴス（georgos＝大地を耕し、豊穣にする）[20]やピタルミオス（phytalmios＝養う）と呼ばれている。

6. ポセイドンは馬の調教師で（2参照）、群れ、馬、馬車競争の主であり、そのためにヒッピオス（Hippios）という別名をもっている。その三叉で彼は最初の馬を作り出したのである（Kolonos Hippios）。また彼には馬が生贄として捧げられる。

7. ポセイドンは人間の誕生神、祖先神、守護神であり、殊にイオニアの神的な先祖である（genethlios＝先祖）。

8. ポセイドンは（他の下界の神々と同じように）神託神でもある。彼はアポロの手に移行するまでデルフィを所有していて、巫女は三脚の前にポセイドンをいつも真っ先に呼び出したのである。

9. ポセイドンは医者（iatros）としても、例えばテノス島で崇拝されていて、イリアースで知られているマカノンとポダレイリオスという二人の医者の父でもある。

ポセイドンの属性として最も重要なのは、古代において最も有用な魚であったマグロ（Thynnos）と三叉の矛トリアイナ（Triaina）、ラテン語で言えばtridensである。この三叉はゼウスの稲妻ケラウニオスと同じようにキュクロペンとラルキネンから鍛造され、彼の笏であり、彼の支配、領域を意味している（インドでもこれと同じことがあてはまる）。このことはパルテノン神殿の西破風の装飾の、ポセイドンがアテネと土地の権利のことで争っている図にもっともよく表れている。もちろん三叉は、例えば巨人族と対した時のように武器としても役立った。

三叉については、明らかにきわめてファリックなシンボルが関係しているように思われる。「ファリック」ということばを用いる時に言っておかねばならないことだが、ギリシア語のphallos、模造された陰茎の意味は自然一般の生殖力の象徴であり、人間の創造的な力の象徴であり、軽薄なメタファーやペニスということばの「言いつくろい」のために用いるのではないのである。ファロスはもともとイチジクやオリーブの木から切り出したとめ杭で、ラテン語のpalus（杭）、ドイツ語のPfahl（支柱）と同系である。それはインドのリンガムと同じ意味である。このことから、ポセイドンが多くの生産的特性をもっている（1～9）わけがわかり、地震が生じることやアルテミドル（2、43）の夢でのポセイドンや三叉の登場することが吉兆としてみなされるのも不思議ではない。

要約すれば、ポセイドンは非常に強大な神の一つであり、オリュンポスの下界的側面を代表しており、非常に非合理的、感情的であるので、爆発が生じることがあるが、その際に常に何か創造的なものが生じる、と言えよう（ここで、ハインリッヒ・ツィマーによって初めて紹介された、カリカプラーナにおける「心ならずもの創造」というモチーフとの類似が思い出される）[*20a]。

このめざましい創造的な力は、神話的に健康さをつくり出す治癒力と同義のものである。[*21]

この患者はポセイドン神話のことを全く知らなかったであろう。いずれにせよ彼は気の毒な状態にあって、三叉が彼の夢での印象深い真の神の助けであったのにもかかわらず、三叉の投槍とネプチューンの間の明白な関係を連想することさえできなかった。回顧してみれば、すぐに始まるべく治癒過程を夢が告げ知らせていたことがわかる。ゆえに、うつの相の一時的自然鎮静と夢の内容との間の偶然の符合か、あるいは共時的現象かが生じたと言えよう。[*22] なぜなら両者の間の全く因果的な関係というのはほとんど考えられないから。さてしかし、ポセイドンは稲妻のようにして現れることで多くのそのような自然的効果をもたらしたので、彼の神話の中に一方では夢、他方では患者の現実状況と全く同じものが感じられる。おそらくこれは、ユングによって提唱された「アレンジするもの」という考え方が神の持ち物という形で（三叉＝身体―魂―精神の調和）表れている例なのであろう。少なくとも夢の観点からすれば治癒の奇跡が生じており、そのことは「ポセイドン顕現前と顕現後」の患者の二枚のパスポート写真（写真1）でよくわかる。合理的に論証したがる精神医学者は、メランコリーにおいて生じる周知の一時的自然鎮静という考えで説明することでもちろん得心するであろう。しかし、これでは夢の説明がつかない。それに対して我々はポセイドンがイアトロス（iatros＝医者）として介入してきたとみなすのを好み、かくして迷信であるという非難にさらされるのである。これからして精神医学的領域では、夢を一度まじめにとって、一時的自然鎮静に際してそのような符合がどれくらい頻繁に現れるかを綿密に観察する

写真1

ことは、推奨に値することであろう。そうしたからといって、自然治癒がどのようにして生じるのかを、最も現代的な精神医学者でも全く知らないという事実に害を及ぼすことはないであろう。

自由連想と拡充

拡充という概念をもっと精密に記述するためには、フロイトの用いた「自由連想」と対照せねばならない。自由連想においては、夢を見た人は、「それについて何を思いつきますか」と、ある夢の要素aについて尋ねられる。そしてそれへの答えとして「自由な思いつき」bが得られる。さらにbという要素に何を思いつくか等々尋ねていって、次の図式のような、連想的に関連した一つの連鎖を得ることになる。

a→b→c→d→……x

この手続きをいくらか続けていると、ある種の条件のもとでは規則的に同じxに至ることになろう。例えば私は、パリでの研究滞在中に友人や知人たちと、aの要素としてパリの公共建築物の壁によく見られる「貼紙禁止。一八八一年、七月二十九日の法律」という標語を用いて、それについて「自由に連想」させるという実験を行った。するとあまり長くかからずにたいていの場合にxに性的な内容が現れた（あの当時で！）。さてここで→を＝に置き代えれば、a＝xという循環論法を行ったことになり、フロイトにおいてxは常に性に関係しているので、すでにaも性のあらわれとなる。以上証明済み！

おわかりのように、この結論形式においては何か新しいことの認識は問題になっておらず、ただすでに知られているものへの導き戻し、よく知られているアリストテレスのアナゴーゲー（anagoge）、第一命題への論理的還元のみになってしまっている。そしてその際においてはフロイト以来、第一命題＝性なのである。この方法は、結論がすでに前提にひそんでいる（a＝x、ゆえにx＝a）連鎖命題、あるいは集積命題Sorites Syllogisticus[訳注7]（soros＝集積）として知られている。換言すれば、理論で期待されている（性的）内容にxが一致すれば、思いつきのシリーズは中断されるのである。このやり方は、現代の実験心理学でoptional stopping（実験のシリーズの恣意的中断）と呼ばれているものにぴったり相応する。それは不当なものである。なぜなら、いかなる実験シリーズも、前もって定められた個々の実験の数の終わりまでやり通されねばならず、作業仮説（前提）を証明しているように思われる個々の結果がすでに十分に得られたと実験者が感じたからといって、恣意的に中断してはいけないからである。

「自由連想」の確かさに対する疑念は、この他にもフロイディアンからさえもすでに表明されている。例えばジャッド・マーマー[22a][22b][22c]は、フロイトはこの方法が「抑圧され、抵抗によって遠ざけられていた内容を意識にもたらす」[22d]として満足していたけれども、それでは患者に意識されたことがなく抑圧されているはずのないもの、すなわち換言すればフロイトによって限定された「無意識」に属していない無意識的な内容はどうなるのであろうか、と疑問を投げかけている。ユング的に考えればこのようなものとしては、意識に上ることなく我々の行動を常に決定的に規定している普遍的無意識の内容がまっ先に頭に浮かぶであろう。そのような内容は時折全く理解できない性質を帯びた夢要素として現れ、拡充的な仕方によってだけ、かくかくしかじかのものとして知られ理解されうるのである。

それに対して拡充では、aという対象を未知の、訳のわからないものとみなして、それが理解できるようになり、その意味がひらめき現れるまで「それについて何を思いつきますか」と尋ねていくのである。問いは判で押したように「aについて何を思いつきますか」で、b、c……と移行していきはしない。つまり「自

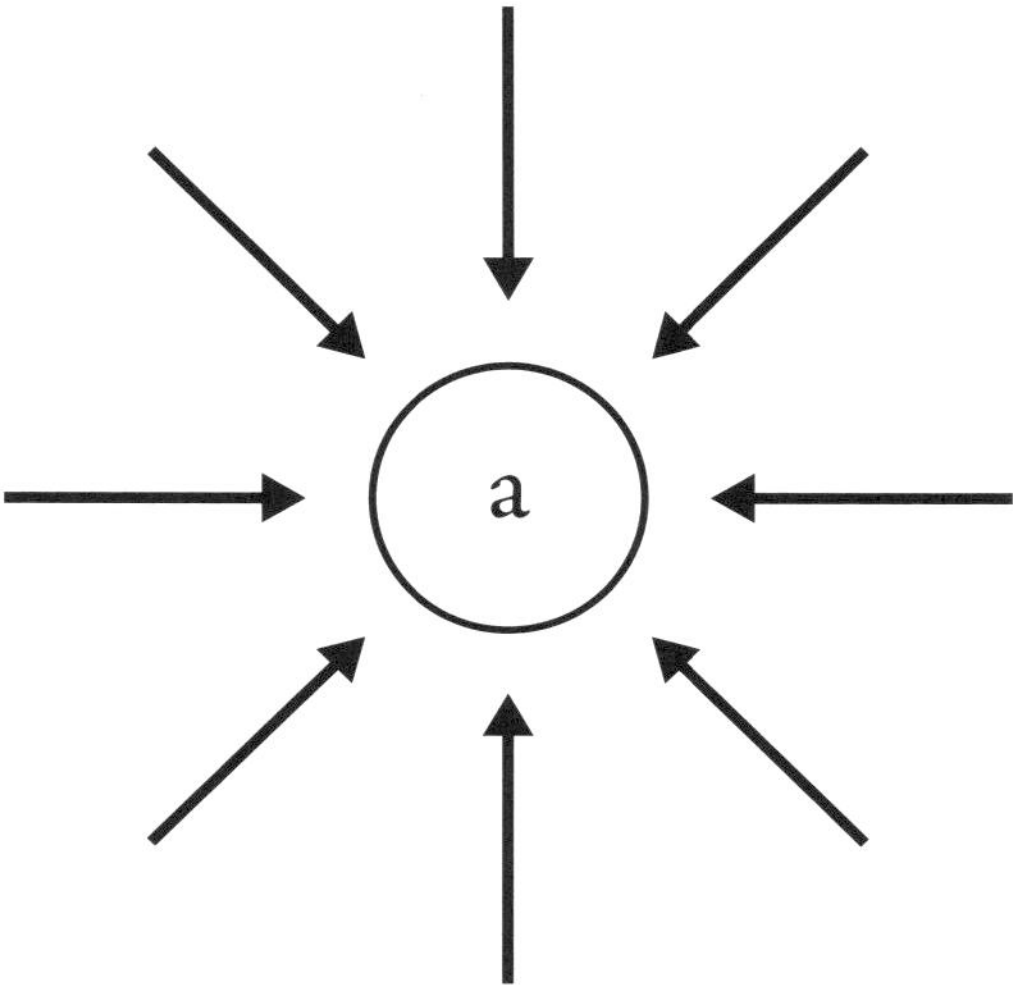

図1

由連想」におけるように「直線的」ではなくて、aについて、そしてただずっとaについて「集中的」に連想するのである。それによってaの内容は豊富になり（拡充され）、断片的性格を失って一つの全体像となる。その際に我々は、ユングが行っていたのと同じように、殊に神話学、昔話、民族学の分野における知識に基づく素材をもはばからずに提供する。なぜなら、そうしても夢と同じ「領域」にとどまっていることになるからで、夢、神話、昔話、等々は形式的に似ているだけではなく、事実同じ材料からできているという確信があるからである（それはあらゆる深層心理学の学派が、多くの経験によって強めた確信である）。この際に危険な恣意性がまぎれ込むことがあるというのは残念ながら真実であるけれども、それでもこの危険は、aと間違いなく客観的に関係しているものだけを常に拡充するという公式を厳密に尊重していれば少なくすることができ、それをユングは図1のような図式でよく表した。

注：略述したケースで生じたようなめざましい作用がいつも起きるという印象を持ってもらっては困る。そのようなのは反対にまれな例なのである。またそのケース自体もここで論じることができない。なぜならこのためには、それに続く長い夢のシリーズやその他もっと多くのことを考慮することが必要になるからである（患者がその後に見た夢のいくつかは後でふれることにする）。またここは、心理療法における動力因（causa efficiens）はいったい何なのかというピラトの問いを論じる所でもない。先の詳述はもっぱら拡充について

の「教科書的範例」なのである。もちろんその際には患者自身がこの拡充を体験したとは言えない。なぜなら私が後で自分で文献にあたらねばならなかったからである。確実に言えるのは、彼がこの初回夢を見て、すぐにその効果が現れた、あるいはよりニュートラルに言うならば、その後に治癒が生じたという事実だけである。post hoc ergo propter hoc（これの後に、ゆえにこれがため）と申し合わしてはいけないけれども、ポセイドン神話によって我々は治癒と同じ領域にたっているというのはもっともなことであろう。ポセイドンの周知の激情に似ている我慢のならないような興奮は、全くの無感覚状態に陥っている時には新しい変化を意味するので、そのような感情の爆発とそれに続くファリックで創造的なものの現れは、幸運な結末をもたらす治癒的道具であったのである。

3　実験的方法

睡眠中や夢を見ている時の状態を様々な仕方で操作をしていろいろに変化させて、それと夢の多種多様性との相互関係を調べることでもって夢を理解しようとする試みもなされてきた。

(a)様々な深さの睡眠時における夢

(1)古代ウパニシャドにおける深睡眠についての思索

いくつかの古代のウパニシャドには深い眠りについての広範で興味深い思索がみられる。それによれば、深い眠りでは夢を見ないはずである。なぜならその時にはアートマンが、

1.　表象観念から自由になり、

2. 個人から自由になり、
3. 煩悩から自由になるから、である。

しかし、アートマンは疲れを知らぬ最も重要なものとして存在し続けている（死においても）。それ自体ではアートマンは「聞くことを聞く者」、「見ることを見る者」、言い換えれば対象をもたない知覚と認識との主体である（西洋人はあらゆる可能なテクニックを使ってこの状態に達しようと再三試みてきた。そしてオルダス・ハックスリーは、サイケデリック・ドラッグ〔メスカリン、ＬＳＤなど〕によって「知覚の扉」[*訳注8]を広くあけることができるという考えに至り、近年、若い世代の多くの人々がこの短絡的な考えに影響を受けているように思われる）。条件1〜3によればアートマンは純粋で、「悩みなき歓喜」の状態にいる。普通の眠りでは、アートマンはギリシア人におけるΨυχή（psyche）と同じように放浪し、歩き回る。その際になされた経験の産物が夢である。けれども深い眠りでは個別―アートマン（あるいはプルシャ）がここで挙げた三つの条件によって全―アートマン（あるいはブラフマン）になり、夢なき深い眠りが達成されるのである。あるいは全―アートマンが夢なき眠りの本質であるとも言える。これについてはチャーンドギヤ・ウパニシャド、6、8、Iに次のように述べられている。「……こうして彼（人間）は存在者（ブラフマン）との一致に至る。彼は自分自身に入ったので、彼は眠っている（svapiti）、と言われる。なぜなら彼は自分自身に入った（svam apita）のであるから」（svamiとは自分の自己と同一のものである）

この見解から、胎児と新生児はすべてを知っている、というインドにおけるかの有名な確信も理解できる。ここでどうしてもヘラクレイトスの断片、Ｂ89が思い出されるであろう。

tois egregorosin hena kai koinon kosmon einai, ton de koimomenon hekaston heis idion apostrephesthai.（目醒めている人々はただ一つの共通な世界をもっているけれども、眠りにおいては各自がそれから離れて、自分自身の世界に向

かう）

先に述べたインドの理論から、完全な解脱―ヨガが発展してきた。例えばマイトレーヤ・ウパニシャド、6、25、には次のように書いてある。「感官を睡眠時のように抑制して、かの眠りを知らぬ、年を知らぬ、死を知らぬ、苦を知らぬ支配者を純粋な思考でもって観ずれば、自ら、その眠りを知らぬ、年を知らぬ、死を知らぬ、苦を知らぬ支配者となる」。これについてベティー・ハイマンは次のように述べている。

ヨガの技法の目的は、深い眠りにおいて自然に生じるのと全く同じように、あらゆる観念、願望、それに自我を消滅させることによって、アートマンを純粋にすることである。より厳密に言えば、もとの深眠思索では、観念、聴覚、視覚などの自然な消滅が最も目立った現象として心理学的に観察できるのに対して、ヨガは願望、欲望、情熱の消滅に重点を置いている。*23

仏教ではこの状態はニルヴァーナと呼ばれ、これはあらゆる観念、欲望、煩悩の帰滅に相応し、再び深眠との類似がみられる。

この連関で、きわめて興味深く思われるのは、J・E・プルキンエ（一七八七～一八六九、プラハ）がすでに一八四六年に次のように書いていることである。*24「覚醒の努力、外への心的緊張という通常の時間単位が過ぎ去った後で、対象なき主観性へ立ち戻る傾向、眠りたい気分が生じる」。これにはインドのと類似した根本思想が認められる。

もちろんこれは章題3にそった意味での実験的方法ではないけれども、この考えは睡眠研究、夢研究における現代の技術的手段を考慮する際には興味深い手がかりになるので、その精神史上の意味はともかくとして、どうしてもここで述べておかねばならないのである。

(2) 表面的睡眠

浅い眠りにおいてよく幻影が生じるということ、つまり昼の残滓を要素にしている多少連関したイメージの流れが生じるということは、誰もが自分で観察することができる。つまり、意識の気にかかっていることは夢体験にまで続いていくけれども、夢においては独特な仕方で変形されるのである。またそれは、覚醒状態や現実状況に一致しないかあるいは完全には一致しない連関でも現れる。我々の習慣的な先入観もそのような夢モチーフに生じやすい。最も頻繁には、例えば旅行の計画や試験の不安などのような好ましいかあるいは不快な期待が、そのような夢を鏡として現れる。私が観察したところでは、初めて診察時間に現れる患者が、歯医者の所へ行った夢を見てきていることが多い（auf den Zahn fühlen〔歯を調べる〕という表現が「腹を探る」ことを意味することからもわかるように、患者の心を探る精神科医が夢らしく変形して歯医者として登場している）。

ここではっきりしておかねばならないのは、夢に様々な深さがあるという解釈が今日、本当に疑わしくなり、大きく修正されていることで、それについては後の節（II、4）で話題とする。

(b) 身体的夢

深い眠りにおいても我々の感覚器官は閉じられていないので、我々は相変わらず感覚刺激に反応する。ただ刺激閾値が一般的に高くなっているので、強い聴覚、視覚、触覚信号が必要となるのである。もちろん「乳母眠り」という有名な現象があって、赤ちゃんを持つ女性の睡眠時の聴覚閾値は少しも高まっているように思えず、子どものごくかすかな泣き声にも目を醒ます。けれどもこの乳母聴覚は子どもからの音に対してだけであるので、態度の現象としては純粋に生理学的ではなく、大部分心理学的な問題となる。

イワン・オズワルドの最近の研究によれば、同じ音量（dB）でテープから聞かせた固有名詞のシリーズのうち、その人にとって重要なもの（自分の名、妻の名、等々）だけが眠っている人を目醒めさせたという。*[25] さて一般に信号が覚醒閾値の下にある時には、それが何らかの形で加工されて夢に入っていく可能性がある。すでにフロイトはこれから考察する刺激を論理的に分類しており、今日でもそれ以上うまい分類はできないので、ここで彼の体系を採用することにする。

夢の源泉を完全に数え上げれば、結局次の四つのものがある。この四種類の源泉は夢の分類にも応用されてきた。

1. 外的（客観的）感覚興奮
2. 内的（主観的）感覚興奮
3. 内的（器官的）身体刺激
4. 純粋に心的な刺激源*[26]

(1)外的（客観的）感覚刺激

これについてはフロイトはイェッセン*[27]を引用している。

あいまいに知覚されたどんな物音も、それに応じた夢の映像を生み出す。雷の音は我々を戦場の真っ只中へ連れて行くし、鶏の鳴き声は人間の悲鳴に変わるし、戸のきしる音は強盗侵入の夢を引き起こす。夜、掛けぶとんを落とすと、裸で歩き回ったり水の中に落ちたりする夢を見るだろうし、斜めに寝ていて足がベッドの外へはみ出していれば、断崖の縁にたたずんでいる夢や、高いところから墜落する夢を見るかもしれない。偶然に頭が枕の下に入ると、大きな岩が体の上にあって、その重みで押しつぶされてしまいそうになっている夢を見るであろう。精液がたまりすぎると肉欲の夢を見るだろうし、どこか痛むと、虐待されたり敵の攻撃を受けたり体に傷を受けつつあるような夢を見るであろう……

フロイトはマイヤー[*28]からも次のように引用している。

マイヤーはある時こんな夢を見た。彼は二、三人の男に襲われて、地面に長々と仰向けに寝かされた。そして足の親指とその次の指の間を通して杭で地面に打ちつけられた。このように夢を見ているうちに目を醒ましてみると、足の指の間に麦わらが一本はさまっているのを見つけた。

A・モーリ[*29]は自分自身で実験したり、してもらったりしているが、それもフロイトによっていくつか引用されている。

1. 唇と鼻の先を羽毛でくすぐられた時――恐ろしい拷問の夢。責め道具の面をかぶせられ、それが取り去られる時に皮も一緒に取られる。
2. はさみでピンセットをたたいた時――鐘の鳴る音、警鐘の音、それから一八四八年六月の夢。
3. オー・デ・コロンを嗅がせたとき――カイロのヨーハン・マリーア・ファリーナの店にいる。それから彼が再現できない物狂おしいばかりの冒険の夢。

4. 軽く首をつねられたとき——膏薬をはられる夢を見る。そして子どものころにかかった医者のことを考える。

8. 額に水をひとしずくたらしたとき——イタリアでひどく汗をかいて、オルヴィエートの白ワインを飲んでいる夢。*30

しかし特に有名なのはモーリの死刑執行の夢であろう。それゆえここでそれを引用することにする。*31

しかし夢の速さに関するより決定的な出来事、長い夢を見るのに一瞬で十分であることを私の目の前で確証した出来事は次のとおりである。私は体の具合が少し悪く、自分の部屋で横になっていた。私の枕もとには母がいた。私は恐怖政治の夢を見た。私は虐殺の光景を目撃し、革新裁判に出頭し、ロベスピエール、マラー、フーキエ＝タンヴィルなど、この恐ろしい時代の最も危険な人物みなに会い、彼らと議論した。そしてついに、私も不完全にしか思い出せないくらいにいろいろ事件があった後で、私は裁判にかけられ、死刑を宣告され、荷馬車で革命広場のものすごい群集の真っ只中に運ばれた。私は死刑台に登り、死刑執行人は私を運命の板の上に縛りつけた。彼はそれを倒し、ギロチンの刃が落ちてきた。私は胴体から自分の頭が離れるのを感じ、非常に強い不安に襲われて目を醒ました。そしてベッドの張り出し棒が首の上にあるのを感じた。それは急にとれて、ギロチンの刃のように私の頸椎骨の上に落ちたのである。私の母も確証しているように、これは一瞬に生じたにもかかわらず、先に引用した例と同じように、多くの出来事が続いた夢の到達点に私が取り違えたのはこの外的感覚なのである。私が打たれた瞬間に、私のベッドの張り出し棒がそのはたらきをよく思い起こさせたあの恐るべき器具の思い出は、ギロチンがそのシンボルとなっていた時代のイメージをすっかり呼び覚ましたのである。

モーリはすぐれた科学者で注意深い観察者であるので、非常に短い時間に長い夢が生じる可能性があるかどうかという彼が冒頭に出した問いは、真剣に受けとめる必要がある。現代の実験的な夢研究は、夢におけるこの時間の相対化に強い疑念を投げかけている。すでに、催眠中の被験者に夢の始めと終わりを報告させたカール・シュロッターの研究（五〇ページ以下を見よ）によって、この可能性はかなり薄くなっている。私には、今までのところ実験室でそのような例はまだ生じていない、という慎重な見解にとどめておくのがいいように思われる。なぜなら墜落や溺れた際に、たった数秒の間に、自分の全人生の概括などの非常に長くかかる体験をしたかのように感じた人々の報告は、かなりの数にのぼるからである。

シュピッタは、エーテル酩酊において主観的時間感覚が明瞭に拡大した例を報告している。[*32] もしも心理学的な見地を持っている外科医や歯医者がいたなら、短期麻酔はそのような研究にとって実り豊かな領域であろうに。プルキンエも先に引用した本の四六八ページで眠りと夢における時間の要因について興味深いことを記している。彼は自分の経験から次のように述べている。

眠りと死の類似性を以下のような観念の心理学的演繹でわかりやすいものにしたい。夢を見なかった健康で深い六、七時間の眠りから目醒め、その間に過ぎ去った時間単位のことを思い返してみると、この眠りの間に全く時間が経過しておらず、その間の全時間間隔は、あるただ一つの瞬間にほぼ還元することができるのがわかる。その瞬間は、覚醒時の他の時間の瞬間の間に含まれている限りにおいて、確かに我々の知りうる客観的時間に属しているけれども、深い眠りにおける意識なき別の瞬間と隣り合わすことで我々の知識の及ばないものになっているのである。同様にして睡眠状態においては、空間直観や世界意識と自己意識のいかなる直線もなくなり、やっと覚醒するに至って、自己意識は前日の思い出を結びつけることで再び見出されるのである。この意識なき状態がもっと長く、何日も、何週間も、何か月も続いたとすれば（嗜眠性状態のように）、一晩の深い眠りの後とほぼ同じことが生じるであろう。そのように長い間寝て過ごした時間は一瞬でしかないであろう。そこで次のように述べることができよう。長いにしろ短いにしろ、いかなる睡眠期間においても魂は、その本性の永遠性へ、時間も空間もない状態へと引き込もり、感覚性によって縛られた自己現象をひとりでにやめるけれども、物質的存在への関係を全く断ってしまうのではない。むしろ魂は高次の相互作用として覚醒とともにその関係を再び引き受けるのである。なぜなら眠りの間ずっと保たれていた身体の有機的個別性は、途切れのない同一性のもとでの内的な関係と再生のすべての条件を守ることをやめなかったからである。死においてはこの過程の一面しか生じないように思われる。魂はその本性の永遠性に引き込もるので、魂にとっては意識、空間と時間の直観もその感覚的内容とともに失われてしまう。それに対して、今までの有機的な個別性、すなわち身体との生きた関係は完全に破壊され、朽ちて大地の一般的な元素に戻っていくように思われる。かくして同じ身体で意識が新たに結びつきを取り戻すことはもはやなく、我々には物質的に思われる死が、最も普通に考えられているように、魂の全存在に、我々に周知の方法で終わりを告げるのである。けれども眠っている魂に次に生じる覚醒の可能性を認めないのが軽率なように、死んで永眠している魂にそのような可能性を認めないのも軽率であろう。そのような先走った結論は、魂の存在を身体と共に、身体を媒介してしか表象できない自然な先入観に由来しているのである。そしてそれをさらに押しすすめるなら、魂の座が脳に、できれば非常に小さな空間に、ある一点に捜し求められることになる。それでも本来の魂の座は、永遠の、時間と空間のない精神本性自体にしかありえず、そこから魂は見かけ上、現世的関係という有限なこころに現れ出てきているにすぎず、そしてその精神本性においては常に休憩所が魂に開かれていて、実際決して中断されえないのである。

まさに楽しくなるのは、預言者マホメットの有名な夜の旅の話である。なぜならそれには合理的な「証拠」とそれに続く実験的証明があるから。後世の伝承によれば、マホメットは一晩に神と七万の対話をして、戻ってみると彼のベッドはまだ暖かくて、急に出発した時にひっくり返した水さしがまだ空になっていなかったという。さらに伝承によれば、エジプトのサルタンがまさにこの時間拡大に気を悪くしたので、この話を信じようとしなかったという。しかしながら祭司は、サルタンを湯ぶねに沈め、すぐに再び頭を出させることで彼を改心させた。その間にサルタンは悲しく、また楽しい一連の長い体験をしたのである。つまり、彼は資産もなく、ある見知らぬ浜に打ち上げられ、そこで美しく裕福な女性を見つけ、彼女との間に七人の息子と七人の嫁をもうけ、最後に再び貧乏になり、そして上に浮かび上がってからすべてが一瞬の幻であることがわかったのである。[*33]

似たことはキリスト教の聖者伝説にも見られる。そのような例においては、主観的時間が拡大するのに対し、主観的時間が縮むという逆の現象もあり、それはあらゆる伝説圏で代表的なモチーフである。最も有名なのは七人の眠り聖人の伝説であろう。すなわち、七人の兄弟がデキウス皇帝のキリスト教迫害のために（二五一年）エフェソスのそばのある洞窟に身を隠し、そこで眠り込み、閉じ込められた。四四六年に洞窟が偶然に開けられ（テオドシウス二世の時代）、若者たちは目を醒まし、神聖な後光に囲まれてマルチン司教と皇帝に奇跡を確証し、死んだ。[※] ここでシュタウフェン朝の皇帝バルバロッサにおけるキフホイザーのモチーフ[*訳注9]のことも思い出していただきたい。

かなり長い間閉じ込められていた魔術師の話もまた悪名高く多く存在している。もしもそのような例一つ一つが科学的にきちんとした条件のもとで生じれば、すでに超心理学の領域に足を踏み入れていることになり、その領域ではテレパシー、透視、予知、念力などの存在を想定するために、それと同じくらいに複雑怪奇な時間—空間座標の存在を仮定せざるをえないように思われる。だが証拠不十分である。

ノルウェーの哲学教授ジョン・ムルリ・ヴォルト（一八五〇〜一九〇七）は、ヘーゲルから出発してカントの批判主義に至った人であるが、彼は無数の実験を不断に行って、客観的感覚刺激の夢への影響を、その間の因果関係を仮定して研究した。[*34] それはたいていいつも自己実験の形で行われ、彼はほぼすべての身体部分を組織的に刺激していったのである。ヴォルトの徹底さに敬意を表して、ここに彼の実験を二つ示すことにする。彼は木ぎれを置いて床に入ったり、あるいはそれをある身体部分にくくりつけたりして、その際に何の夢を見るかを観察したのである。

木ぎれが体の横のかなり上の方にあった二月十一日の朝に、私は安らかならぬ、多くの契機がおり込まれた夢を見た。

(a)夢　多くの人々と一緒に私は観客として芝居のようなものを見ていた。私の横に座っている紳士が、私に何かに注意させるためか、それとも喧嘩を売るためか、絶え間なく私の横から突く。

〈分析〉横からの木ぎれの圧迫は一連の瞬間的で連続した突き押しとして知覚され、ある昼間のモチーフ〈芝居〉と共にある小さなシーンを形成している。

(b)夢　私は袖から大きなカモに似ている二、三の動物を取り出す。

〈分析〉これについては横からの圧迫の位置はあまりうまく捉えられておらず、小さな、そこで感じられた〈実際後に観察された〉服の圧迫と混じっているようである。その服の圧迫感と同じリズムが、押している動物と、それが遠ざかる感じである。

そうこうしているうちに木ぎれをたいてい横にはずして置くようになった後で、——その際は木ぎれの背中や体側への圧迫はただ偶然に生じるだけであった——二十二日の夜に私は包帯を使って木ぎれを再び縛り付けた。同時に左手の一本の指に毛糸を巻きつけ、コーヒー豆の入った石けんの泡を少し鼻に入れた。においの夢への影響を私は何も感じなかったし、実験の最後の部分をもう一度後で試みることもなかった。指に巻きつけたことの効果はすでに指の実験として扱っていた。残るは背中の圧迫感に関連する二、三の契機だけである。

(a)夢　私は鉄道旅行をするために夢1の老婦人と一緒に駅におもむいている。

〈分析〉興味深いのは、最初の実験形式をまた採用してみると、夢1の最初のモチーフが再び最初のものとして現れることである。すなわち、こわがりの婦人と一緒の鉄道旅行。ただそのモチーフはここでは弱められていて、車室で揺れる代わりに鉄道旅行と駅を想像することになっている。

(b)夢　一つか二つのこぶが背中にある大きな動物を私は見ている。一人の男が動物の背中に乗っているようだ。

〈分析〉木ぎれをつけた背中はここでは全く巧みに捉えられていて、ただ客観化され、こぶのある動物〈こぶの数は不明確〉に変えられている。男は、押されることの描写を反復する代わりである

フロイトによれば、ヴォルトは結果を他の個所で次のように要約している。*[35]

1. 夢での手足の位置は、ほぼ現実のそれに照応する。すなわち現実の状態に一致した手足の静的状態が夢に見られる。
2. 手足の運動の夢を見るとき、その運動を行う際に現れる位置の一つはいつも現実のそれに一致している。
3. 夢の中の自分の手足の位置を他人のそれと思い込むこともある。
4. その運動が妨害を受けているという夢を見ることもある。
5. ある特定の位置にある手足が、夢の中で動物もしくは怪物の姿で現れることがある。その場合両者の間に若干の類似点が作り上げられる。
6. 夢の中で手足の位置は、この手なり足なりになんらかの関係をもった考えを刺激することがある。例えば指を動かしているとき、数の夢を見る。

6に対して。「数える」ということばはギリシア語ではpenpazoといって、つまりこれは五つの指で数え上げるという意味なのである。

ヴォルトの二巻の本を現代心理学の視点から読めば、あまりに確かな規則正しさで夢が生じていて、あまりに確かに夢が実験配備に関連しているのが目にとまるので、自己暗示の効果を考えざるをえない。しかしヴォルトは、この点に関しては因果関係を無視したのである。

(2)内的(主観的)感覚刺激

この刺激をどう理解すべきかはあまりはっきりしない。これにはアリストテレス的な「振動」(後出)の遺物が関係しているように思われる。しかし眼内の現象や耳鳴り、すなわち内身体的な刺激との比較はなされている。この理由からして、つまりそのような感覚はほとんど客観化できないであろうという理由からして、夢のモチーフとのあるかもしれぬ関係を捉えるのも難しい。フロイトは、この現象は夢よりもいわゆる入眠時幻覚（hypnagogische Vision：ギリシア語の hypnos＝眠り、agogos＝先に立つ、率いるという語に由来している）に関係していると考えた。[*36] それは、多くの人々が見る傾向をもっている、束の間の、素早く変転し、ほとんど関連のない視覚印象である。それもすでにモーリによって研究されていた。その経験をフロイトは次のようにまとめている。[*37]

これを生ぜしめるためには心がある程度受動的になっていて、注意力の弛緩が必要である。しかし別な体質の人では、入眠時幻覚を見るには一秒間こういう嗜眠状態に陥りさえすればよい。その幻覚から醒め、醒めてはまたその幻覚に陥りするうちに結局眠り込んで万事が終わる。もしあまり長い時間が経たぬうちに目を醒ましたなら、モーリによれば眠り込む前に入眠時幻覚として浮んだものと同じ映像を夢で見ることにしばしば成功するという。モーリはある時、眠り込むときに信じられぬほどのしつこさで、歪んだ表情と奇妙な髪型をしたグロテスクな人物を幾人も見たが、眠りから醒めてみて夢の中でもそれが現れたことを思い出したという。食を節していたために空腹でたまらなかった時に、彼は入眠時に一つの深皿と、その中の食物をとり出すフォークを持った手を見た。夢の中では彼はご馳走のたくさん並んだ食卓の前に座っていて、ものを食べる人々の動かすフォークのたてる音を聞いた。また別のある時、目がチカチカして痛んで眠りについたとき、ひどく小さな記号を入眠時幻覚に見た。大いに努力してその一つ一つを読み分けなければならないほど小さかった。一時間ほど眠っていた間に、一冊の本が開かれている夢を見た。そこには非常に細かな活字が印刷されていて、苦心してやっと判読しなければならなかった。

しかしすでに生理学者ヨハネス・ミュラーが入眠時幻覚を詳細に扱っており、その著書『幻想的な視覚現象について』[*38]は今日でもなお読むに値するものである。さらにエール大学の有名な哲学教授ジョージ・トランバル・ラッド[*39]が、『視覚夢の心理学への寄与』[*40]という本でこのテーマを再び取り上げている。フロイトはラッドの観察を次のように要約している。

ラッドは訓練によって、次第に眠り込んでいってから二、三分の後に強引に目を醒ますことができるようになり、しかも目を開けずに、まさに消えゆこうとする網膜の上の映像を記憶に残っている夢の映像と比較した。網膜上の光る点や線がいわば心的に知覚された夢の中の像の輪郭を成すようにして、それら両者の間には常に内的なつながりが認められると彼は確信している。例えば彼は、はっきりと印刷された何行かの文字の夢を見、それを読み、勉強した。この夢は網膜中の光る点々の配列がパラレルな線であったことで照応していたという。彼の言葉で言うと、彼が夢で読んだ鮮明に印刷されたページは一つの対象の中へ解消された。その対象は彼の覚醒した知覚には本当に印刷された一枚のページに見え、少しはっきりさせるために、あまりにも遠い距離から一枚の紙にあけられた一つの穴からのぞいたページに見えた。ラッドは、こういってもこの現象の中心的な部分の価値を低く見積もっているわけではないが、網膜の内的な興奮状態という材料を使わないような視覚的な夢を見ることはほとんどないといっている。このことは特に、暗い部屋で眠り込んだ直後の夢に当てはまる。これに反して朝の目醒めかけに見る夢では、客観的な、明るい部屋で目に入ってくる光が刺激源となる。

両方の著者ともに、覚醒状態に続いて網膜と視神経が興奮して揺れているという考えから出発しており、その余韻がそれに続く夢に組み込まれるとしている。つまりアリストテレスと一致した考えなのである（後出）。比較的近年になって、ヘルベルト・ジルベラーがこのテーマにより心理学的観点から再び取り組んだ。[*41] 眠り込む時や目醒める時に（入眠時、出眠時幻覚）意識状態（睡眠―覚醒）の変化がいかに形象的に表現されるかが、彼にとって特に興味あるものであった。ある状態から他へのこの変転を、彼は敷居をまたぐことにたとえ、それを境界象徴と呼んだ。彼は自分の成果を次のように要約している。

覚醒（そして入眠）の象徴には、状況変容、移行や消滅、入口を歩くことなどを特徴的とするイメージが用いられる。そのような描写には、入口そのもののイメージ（敷居として）が使われ、さらには川を渡ること、妨害されること、結合と分離、出発と到着、別れと歓迎、開くことと閉じること、そしてその他同様の行為や状況が用いられる。[*42]

彼は一九一九年に自分の著書『夢』[*43]の中で、この問題を「浅い眠りにおける幻覚」という名でもう一度取り上げ、入眠時幻覚のことを次のように述べている。

私は眠気を感じながらベッドに横になって、何かの考えにふけっていた。睡魔は次第にとどめなく広がり、精神は濁り、思考の筋道は途切れていた。魔法の杖でも一振りしたかのように、考えの代わりに、具象的で手でつかめるほどに本物らしい映像が私の前に浮んできた。「映像」という代わりに、私が現実として体験している「現実」、ある光景、と言った方が私の主観的感覚によくあっているであろう。幻の生々しさのために私は驚かされ、すでに始まりかけていたがまだ入っていなかった眠りから再び揺り起こされた。

私は覚醒状態に戻ってみて、ついさっき体験したもの、すなわち入眠時幻覚は、圧倒するような睡魔のうちに私が見失ってしまった思考の形象的表現であることがわかったのである。疲労の結果、厄介な抽象的思考は、あまり骨のおれない形象的観照に突然にしてとって替られたのである。「観照」とは広い意味でのことで、なぜなら幻覚は純粋に視覚的だけではなくて、夢のように様々な感覚領域にわたっていて、まさにその全体が我々が全人格を伴って関与している現実として感じられるからである。視覚印象が優位を占めているのは、その支配的重要性からすれば驚きでない。

この事象を完全に明らかにするために、ただちに例をあげてみる。

1. 例――条件、晩にベッドに横になって私は、書いたある論文の一個所を改めなくてはならないな、と考えていた。これを熟考しているうちにまどろみが私を包み、幻の光景が生じた。私は一本の木材にかんなをかけてなめらかにする仕事をしていた。即座に私は再び覚醒状態に戻り、釈明、あるいは解釈を行った。木材のかんながけは、私の考えていた計画のイメージである。それは私の論文のぎこちない個所に磨きをかけることに照応している。

15. 例――条件。私は服を着たままソファーに横になり、眠りたい欲求にそって再び覚醒状態（前述の短い眠りの後の）から遠ざかろうとしていた。――光景。私は（誰かにつきそわれてか連れられてか）、進み続けるためかのように外套を着た。――解釈。眠りはここでは、私を連れて行く一人の人として現れている。「進み続ける」ことには、覚醒状態からの遠ざかりが反映されている。外套は澄んだ意識の覆いや包み隠すことを考えさせる。神話において覆い隠す雲は遠ざけることの象徴とみなされているが、それと同じ役割を外套は演じているのである。心的に遠ざかった状態に移ろうとする者は、ある種の儀礼に従えば外套をはおらねばならない。

16.　例——条件。私は朝いつもの時間に起こされた。差し迫って何もするつもりがなく、眠気を感じたので、もう少し眠ることにした。——光景。誰かに何かを（不明確）賃貸しする仕事に私はかかっていた。——解釈。賃貸しという概念にはゆだねるという観念がある。私は自分を眠りにゆだね、任せたのである。管理の心配から解放されるという観念もその中にひそんでいる。規則正しい心的経営を、管理されている一つの家計として表象することは、あまり無関係というわけではないのである。

ジルベラーが自分の心的条件がこのように視覚像に「翻訳される」ことを「自己象徴」と呼んでいることは、ただの偽装された自己中心主義にすぎず、それゆえに不適切な表現である。後の詳論からわかるように、ここではむしろ身体意味論という表現を使わねばならない。

(3) 内的（器官的）身体刺激

夢（殊に不快な夢）が「胃から来る」とか、睡眠中に特別な身体位置をとることによるとかは有名な民間信仰である。空腹の際に食べ物の、のどが渇いている際に飲み物の夢を見るということも、ローマのことわざ「犬はパンの夢を、漁師は魚の夢を見る（canis panem somniat, piscator pices）」から確証されているように思えても、迷信と同じように凝り固まった見解である。近年の実験的研究はこの見解の根拠をくつがえしているように思える。

身体条件の夢への影響の研究は、すでに一八七四年にライプチッヒの哲学、教育学教授でヘルベルト学派であったルートヴィッヒ・シュトリュムベル（一八二一〜一八九九）によって真剣になされた。その著書『夢の性質と発生』の中で彼は次のように語っている。*44

心は睡眠状態においては、覚醒状態よりも、自分の体についてはるかに深く、広い感覚意識を持つに至り、覚醒時に全く感じなかった自分の体の各部分や諸変化に由来するいくつかの刺激印象を受け取り、自分の上に働かせることを余儀なくされるのである。

フロイトはこれに関する文献を研究し、次のようなレジュメを行っている。

多くの人々において、内部諸器官のはっきりした傷害は夢の原因になる。一般に認められているところであるが、心臓や肺が悪いと頻繁に不安な夢を見る……心臓病者の夢は概して非常に短く、恐怖とともに目を醒ます。ほとんど常にゾッとする状態での死の状況が、このような人の夢では一つの役割を演じている。肺結核患者は窒息、圧迫、逃亡の夢を見、悪魔にうなされることが多い……消化器系統の障害者では、ものを食べたり吐いたりする夢を見る。最後に性欲興奮が夢の内容に与える影響は、個々の経験上誰でも知っていることで、器官刺激による夢発生の全理論にもっとも強力な論拠を提供している。*45

ほとんどすぐになるほどと思えるのは、炎症を起こしている患者が火の夢を見ることである。しかし残念ながらこれに関しても、冒頭で求めた統計的基礎がまだ全く欠けている。一方すでにアリストテレスがそのような関連性のことを述べており、それからヒポクラテスやガレンのような非常に経験豊かな医者も、そのような夢モチーフを診断に用いている（後出）。多くの他の夢研究上の問題と同じように、ここでもそれを解決するためには極端な、すなわち病的な場合から出発せねばならないし、それがまた得策なのである。

(4) 純粋に心的な刺激源

もちろんこれは(b)（身体的夢）の項に属するものではない。それでもこれをここで扱うのは、すべてを心的「刺激」で実験するという以下において述べる方法を議論に取り上げることになるからで、それによって3の節（実験的方法）が完結するからである。

カール・シュロッター

すでに言及したカール・シュロッターは、一九一二年に『精神分析中央紙』に「実験的夢」という論文を報じ、[*46] その実験の際、彼は催眠を用いたのである。

α 催眠との組み合わせ

シュロッターの実験条件は次のようなものであった。

実験目的のために被験者は、周知のように完全な意識喪失と後からの健忘を特徴とする深い催眠性の睡眠状態に導かれた。その後私は彼らに、それ相応の夢暗示を与えた。四、五分後に被験者は自発的に夢を見始める。私の命令に従って、彼らは決められた動きで夢の始まりと終わりを知らせるので、意識的な夢過程の持続時間を正確に計ることができた。覚醒後に夢の内容が伝えられた。別の実験シリーズで、被験者は実験のあった日の夜に夢を見た。この場合、——同じく後催眠暗示に基づいて——夢は翌朝に被験者によって記録され、私に手渡された。

第二のグループに、私は全く独立に着手した。それにはフロイトの問題設定が根底にある。フロイトや彼の学派が夢分析の方法で発見したのに類似した潜在的夢内容が、夢暗示として用いられた。実験手続きはグループ1と同じである。これははっきりと述べておかねばならないことだが、被験者はフロイトの研究を知らなかったし、自分の夢の意味についても何の予想も立てていなかった。[*47]

暗示や身体刺激がどのように夢にとり込まれるかは、以下の例からわかるであろう。

第9実験　被験者E婦人

〈暗示〉あなたの現在の心的状態を象徴化する夢を見なさい。

〈夢〉（催眠中の）私は秋の紅葉した森を歩いていた。すると道が登りになり、あたりが寒く、冷たくなった。私の横を誰かが歩いていたが、その姿は見えず、手の感触だけが感じられた。その時私は強い渇きを感じた。泉がそばでサラサラと音をたてていた。私は水を飲もうとしたが、泉の上には、毒瓶に貼ってあるのと同じようなしるしがあった。交差した骨とどくろであった。

〈注〉夢は、H少尉が梅毒であると知った時の被験者の悲惨な気持ちを再現している。

第12実験　被験者Fr氏

〈暗示〉あなたは歯が痛くて、少し頻尿です。五分経てばあなたは少し夢を見ます。

〈夢〉私たちは〔ウィーンの〕プラータ公園のヴァッチァマン人形の所にいた。私は人形を非常に長い間ひっぱたいたので、人形の顔はどんどんふくれ上がっていった。そのあと、私たちは船で旅館に向かい、そこでたっぷり酒を飲んだ。

夢の維持時間、一分二〇秒。

〈注〉船で走ることの象徴性は明らかであろう。最後のところには頻尿のモチーフが含まれている。*48

残念ながらシュロッターの十四の実験は、結論を出すには数として不十分である。しかし興味深いのは、彼が夢の長さを計った方法である。しかしこれも残念ながら五つのデータしかなく、それらは一分二〇秒から四分五秒の間を示していて、短い夢内容は短い時間に、長いのは長い時間に一致していると概括することができる。今日では夢の長さは眼球運動によって計られ、我々の実験室での経験によれば、シュロッターのと似た結果が生じるように思われる。もちろん文章にされた長さが夢の長さに一致しているかどうかを判断するのは難しい。今のところ、被験者自身が夢の持続時間を全く正確に計っているように思われるけれども、それでも先述のモーリの経験のことは忘れられてはならない。

カール・アルベルト・シェルナー

第9実験のように、感情状態や気持ちが具象的なイメージ（秋の森、寒さと冷たさ、麦）に移し変えられることが実験的に裏づけられたのも興味深いことである。当時人々はフロイトにならって「象徴的表現」と言った。しかし実際にはこれは単なる比喩で、それは殊にカール・アルベルト・シェルナーが、その著書『夢の生活』*49で扱ったものである。彼は、夢は器官刺激を非常に規則正しく比喩的なことばに翻訳するので、この象徴的表現の解読の鍵を作ることが可能である、と確信するに至ったのである。

これの例として彼の本から以下の個所を引用する。

1. むしゃくしゃした気分はみな不調和なもので、それゆえにいやなイメージを引き出し、刺激して激情や心の動揺をもたらす。もともと激しい気性で、よく立腹する年とった婦人が、昼間にはっきりとそのような立腹を起こした後で、夜に次のような夢を見た。彼女は、目醒めている時に我慢のできないある年下の婦人と、そこで家事を手伝うために町から田舎へ行った。彼女たちはある百姓家に到着した。その屋根の上には、普通の倍の大きさで、がに股の三匹の猫がいた。さらに、乱暴に互いに突き合っている別の五匹の猫が、次々にやってきて三匹と一緒になった。その時突然に一匹の猫が、同伴していた（きらいな）婦人の背中に飛びかかった。もちろん彼女はぎょっとなった……[50]

2.　人間の体は空想の中では、石塀、れんが、梁からできている構造物、つまり『家』と呼ばれているものでたいてい表される。体についてこのシンボルを選んでいることによって、体の器官の構造を夢が適切に表しているのは明らかなことで、石塀、れんがから成る構造物と似て、体という構造物も建築術を持ち、中の穴や空間をたくさんもっているのである……[51]

3.　歯痛の夢で、その周囲全体が模写される場合のように、口腔が描写される時には、夢は例えば高いアーチのある玄関や食料貯蔵室などのような家の中の穹窿状の空間を主として選び、食堂の落ち込みを示すために、アーチ状の玄関から地下室への階段をそばにいれる。[52]

4.　……目がむずがゆい人の見る炎の映像は内的な視力自体の（目醒める前の）刺激性の光の流体であるし、肺を刺激させる夢におけるゴウゴウたる気流とパチパチ音をたてる炎は、呼吸する際の空気と肺自体における燃焼過程である。泡立つ大水は膀胱で押し寄せている水である。[53]

5.　そこで、膀胱に関係している夢では、ふくれ上がった袋などが水上を漂っていたり、我々が庭の池のところにいて、そこの見事なかぼちゃが我々の目を楽しませてくれたりするのである。その場合かぼちゃと袋は膀胱の形を表すために出てきている。[54]

6. 殊に頭痛の夢によくあるように、ただ一つの部屋で身体が象徴されている時には、部屋の天井が頭のてっぺんになり、病的な頭の刺激は天井の上や真ん中にいて恐怖を呼び起こすクモや、襲いかかってきそうな何かの怪物として現れる。[*55]

7. 激しい頭痛がしている時に、ある婦人は、自分の知らない家の一室にいる夢を見た。部屋の天井はすっかりクモの巣におおわれ、ガマガエルのような大きさでそのような外見をしたたくさんのクモがそこに棲んでいた。クモは殊に天井のすみに山となって固まっていて、時々壁をつたって上がり下がりしていた。[*56]

8. しかし結局のところファンタジーは、個々の神経刺激に由来する象徴的夢形成のすべてにおいて、ある共通の法則に従っている。すなわち、夢の最初ではごくかすかにしか刺激対象が示唆されていないけれども、イメージ的な流出が尽きてくる最後の方では、刺激や刺激に関係する器官や機能がむき出しになり、夢の器官的な原因が示されつつ終わりに達するのである。[*57]

それ自体正しい直観も、一方的なやりすぎでいかに不条理なものになってしまうかはここで明らかであろう。この著者はあまりに急いでそのようなイメージの身体的起源を結論づけてしまい、そのような比喩的ことばを純粋に心理学的レベルにとどめておいた方がよいことをすっかり見過ごしているように思われるのである。そういうレベルで見れば、夢が胃から来るという民間の迷信は、「飲み込めない」「消化できない」何かがあるという純粋に心理学的な事実で翻訳し尽くしうるのである。同じようにしてこの観点によれば、例えば不安に際して（ラテン語のangustia = Enge狭さ）夢に「悪い男」が現れたり、先述のような猛烈に腹を立てている時には「荒っぽい動物」が登場したりするのがわかりやすくなるのである。しかしもちろん一方では、不安や激情は身体領域を刺激するので、かくしてまたも有名な心―身問題に立ち入ることになるが、それについてはこのシリーズの第一巻にもっと多くのことが書かれてある。

そのような心―身の対応は、魂の座という問題を常に投げかけてきて、昔からよく練られた「身体象徴解釈」の体系があって、そこでは様々な器官や身体部分にある決まった心的特徴や性質が当てはめられている。この考えをもっとも押しすすめていったのはインドと中国の医学で、ヨガもそうである。タントラ・ヨガや、『黄金の華』についての小冊子を参照されるがよい。しかし西洋人にもこの関係づけが浸透している。例えば、「彼は虫の居所が悪い（肝の上を何かがはっている）」、「彼は気を悪くしている（何かが胃の上にある）」、「心臓がとまる」などその他多くの比喩のことを考えてみれば、そのような連関があるのが民衆には常にはっきりしていたことがわかる。体系的にはベーメ派のグラベルとギヒテル[*58]がこの問題に取り組み、同じ伝統や伝播があったはずがないのに、驚愕すべきことにタントラの表象とのきわめて目立った類似がみられるのである（写真2参照）。

ユダヤの領域ではトビア・ネロル（Tobias Cohn あるいはエレミア・モーゼ・ネロルの Tobia Kohen）が自分の百科事典"Sepher Haolamoth"[*59]の中で人間の身体を、魂が住んでいる家にたとえた。その家の中ではそれぞれの生理学的、心理学的機能が場所づけられているのである（写真3参照）。身体部分と器官との心的表象は、人間の身体を「生きた神殿」とみなしていたオッタヴィオ・スカルラティーニ（一六八四年、ボローニャ）によってきわめて分化して記述された。[*60]

慣用句でも人が家や魂の家によくたとえられていて、例えば「彼は気持ちのよい奴（家）だ」とか、「彼は興奮している（一番上の部屋が燃えている）」とか、「彼は怒っている（屋根の上に乗せられた）」とかいう表現がある。しかし昔の医術でもこのような考えで手術が行われていた。例えば瀉血小人や黄道十二宮小人は肢体

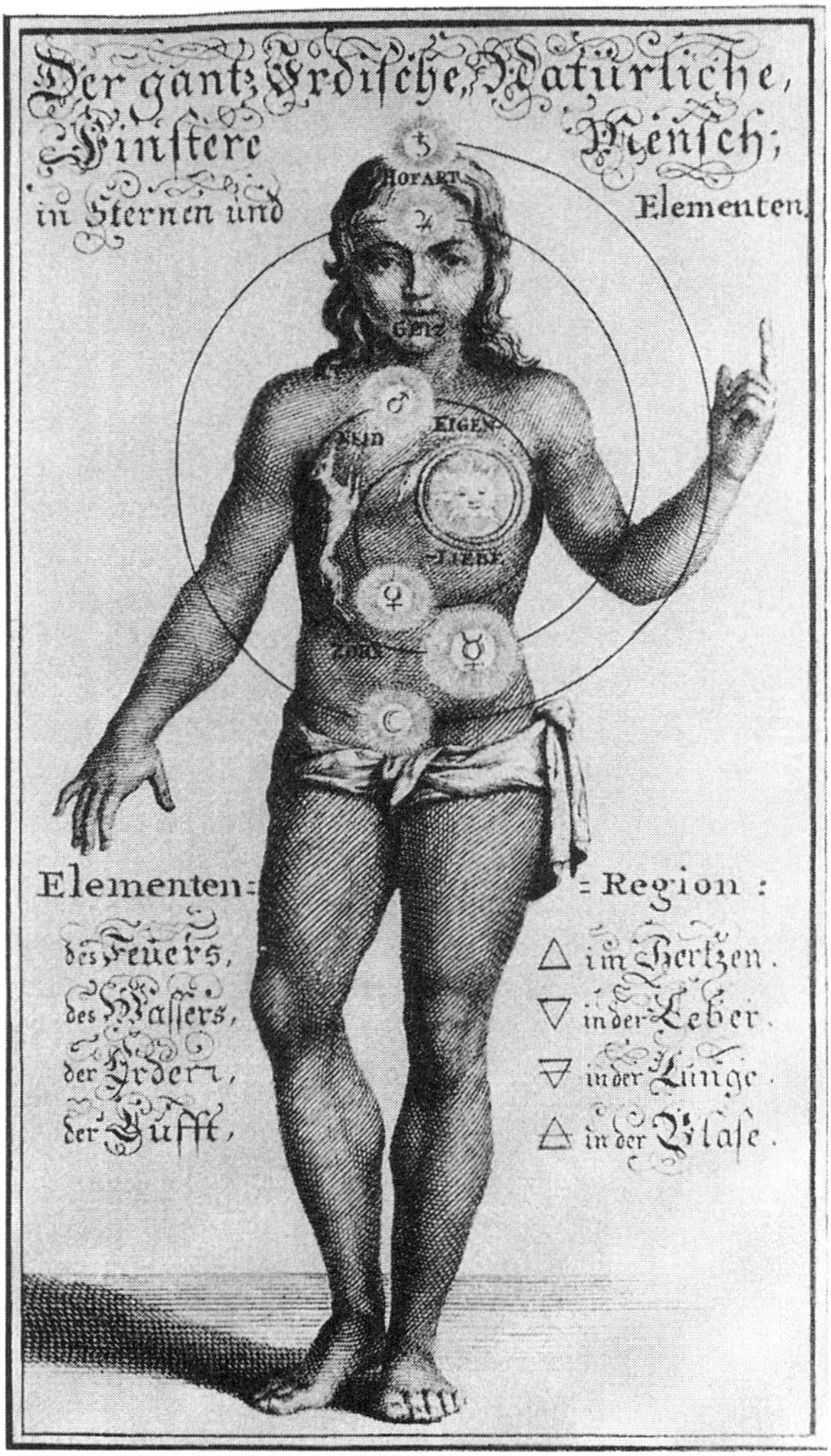

写真２　グラベルとゲヒラルの本の中の第一のさし絵。
（アダムの堕落の後の）「自然な人間」の状態を示している。

写真３　トビアス・コーンにおけるこの図は、人間の身体の器官や機能と、家屋の設備や構造との対応を示している。

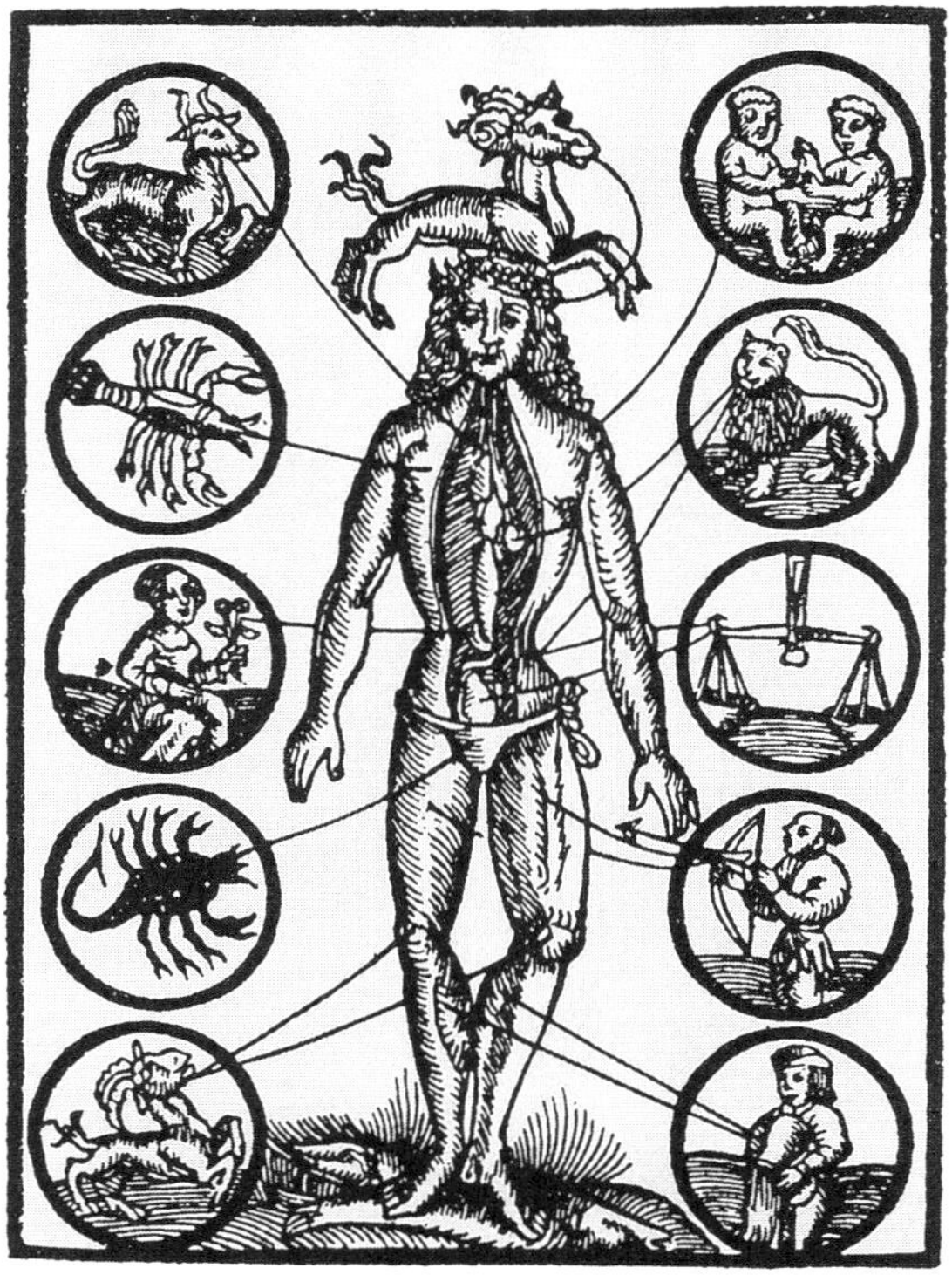

図2　瀉血小人。身体部分や器官と黄道十二宮との間にあるという関係を示している。

構成として身体と心との正しい合成を示しているので、誤り（病気）の場合にも、ヒル、吸い玉をつける場所をそれに従ってわり出したのであった。そしてこのようにして占星術的医術、大宇宙と小宇宙の間の一致という見解への移り行きがなされたのである（図2参照）。

β　連想実験との組み合わせ

ある心的刺激を与え、それにどのように反応が生じるかを確かめ、この反応と被験者の夢とを比較するという考えは、ユングによって初めてその論文『連想、夢、ヒステリー症状』[*61]の中で実現された。この論文はこのシリーズの第一巻ですでに報告されているので、[*62]ここでは連想と夢との関係についてのみ扱うことにする。この関係はユングの夢についての理論的見解の基を形成している。つまり、これで初めて、連想実験における障害は、夢の内容と同じ内容（刺激語）において生じることがわかったのである。周知のように、障害はコンプレックスの言い換えに他ならないから、夢はコンプレックスの作用となる。コンプレックスは、夢でいわば人物化されて現れるのである。

残念ながらこの理論は少し手をつけられただけで、簡単に手に入るような大きなデータがないので、統計的確証には欠けている。それでも、我々はこの見解を実地に日々確かめている、ということは言える。

この考えを受けて、コンプレックスの役割についての文献上での激しい対決が生じ、特に、コンプレックスを真の病因とみなしてよいかどうかという問題についての論争が激烈であった。この争いは今日では少し愚直に思われ、そのような論争が生じたのは当時の著者たちの発見の喜びで説明がつくように思われる。それに対して連想実験と夢におけるコンプレックスの作用の関係は、夢の理論にとって相変わらず新しいもので、すでに述べたように統計的処理にかけることができる。しかし冒頭で触れたように、夢の解釈に専門的にかかわっている人々は、自分の「科学」に信頼できる基礎を手に入れるという必要性を全く感じていないように思われる。

γ　ジルベラーのレカノマンティア的方法

ユングの『診断的連想研究』から刺激を受けて、創造性豊かにそれを発展させた唯一の人がヘルベルト・ジルベラーである。彼はユングと同じパラメーター、すなわち連想と夢を用いたが、第三のものとしていわゆる「レカノマンティア的」観照を導入した。かくして彼は古代に占いの目的で広まっていた方法を取り上げることになったのである。この方法で観照する人は、液体で満たされているレカネー（lekane＝大きい鉢、桶）の前に座って、それを燈火で取り巻き、液体の表面の光の反射から霊感を受けるのである。つまりレカノマンティア（lekanomanteia）は、今日でも普通に行われている「水晶占い」の典型なのである。ジルベラーは長年この方法で研究をして、多くの才能ある被験者を見つけた。彼は自分の研究を「精神分析中央紙」で発表した。[*63] ここで彼の例の一つ（第10回目の実験）を示しておく。また同時に、彼の方法がユングによって後に導入された「能動的想像」と明らかに同一であるので、ジルベラーがユングの先駆者であることもわかろう。

第10実験

I部

光景1　渡しには黒い猫と赤々と輝く輪が見える。

II部

光景2　ユダヤ人の老人が見える。彼はお祈りをしている。説教壇の前でお祈りを……。

光景3　……そこから下へ誰かが彼に聖書を差し出すが、彼は手を伸ばさない。ますます下へとそれが差し出されるが、彼は後ずさりして、それを受け取ろうとしない。

光景4　彼は自分の髪をなでた……。

光景5　……そして小さな子どもになる。

光景6　……聖書も小さな子どもになる。

光景7　それらは互いに近づき、キスをする……。

光景8　さっき聖書を持っていた手が、祝福しながらその上でじっとしている。

III部

光景9　ひつぎとその回りの燈火が見える。ひつぎから鳩が飛び出す。——ずっと下にユダヤ人の老人も見える。彼は泣きながら、自分は葬られて、自分自身の墓を見なければならない、と言う。

光景10　彼は答えようとせず、私が尋ねると手でおどす。

光景11　（彼を慰めねばならない！）彼は白い雲になる。別の白い雲が迎えに来る。それらは互いにあいさつする。

光景12　私はその年とったユダヤ人に再び尋ねる（彼は誰であるか）。彼は、自分はあなた自身から生じたもので、あなたはそれを知っているはずだ、と答えた。

光景13　僧たちがひつぎの後ろを、洞窟から出ていくかのように這う。

光景14　僧たちはひつぎを運び去ろうとするが、それができない。

IV部

光景15　ひつぎは消え去り、その代わりに非常に大きな女性が登場する。彼女は前にも後ろにも顔がある。その顔の上には二つ翼のついた雲がある。——両方の顔ともふくれ上がっている。一つの顔がこう語った。別の顔が使うことができないのなら、何のために自分は翼を持っているのだろう。

光景16　翼は彼女を圧迫し、彼女はどんどん小さくなる。*64

そのような経過を、同時に施行される連想実験や夢の結果と比較することで、ジルベラーは次のようなきわめて注目に値する結論に至った。

1. 繰り返し出てくる人物があるので、彼は類型について述べている。しかしそれは変身をすることもできる（ユングなら元型的像と言うであろう）。
2. 初めに、途切れ途切れの孤立した光景が現れる。これが後になって連続的になり、より夢らしく連関した経過になる。
3. 同時に光景の数が増える。
4. それから、「類型」と話をすることができるようになる。

5. 連想はヴィジョンに基づいているのではない。連想はヴィジョンに従属しているのでなく、連想もヴィジョンもコンプレックスに基づいていて、対等なのである。両者ともに同じコンプレックスのグループを共心的に指示することで、ヴィジョンと連想とは自分の解釈を互いに裏づけあっている。

6. 人物像（類型）は発達する心的な力であり、その動きは魂の力自身の動きを写し出している。つまりそれはますます「機能的範疇」の象徴的表現になっていくのである。この概念をジルベラーは、心的構造とそのダイナミックスの自己模写という意味で理解しており、単なる内容の模写である「物質的範疇」と対照的に用いている。彼の考えでは「機能的範疇」は「内面化」に対応しており、それについて彼は次のように述べている。「ある人物像の意味の内面化における過程は、だいたい次のように思い浮かべられねばならないであろう。人物像は最初、（コンプレックスによって）強い感情の付随したエピソードのために現れる。それは関係のあるコンプレックスと結び付き続け、似たコンプレックスと新しい結合を作る。新たに使用される度に何か新しいことが人物像に付着し、凝縮される途中に人物像に新たな生命をもたらす。こうして人物像は大きな意味範囲の中心点に達する。それは自分に付着しているすべてのエピソードを共通に表している一つの類型になったのである。[*65]

このジルベラーの区別は、後にユングが客観的段階（物質的範疇）と主観的段階（機能的範疇）とでの夢要素の解釈として、より明瞭な区別を導入したものと同じことを問題にしているのは明らかであろう。

しかし実験的方法の一般的議論としては、どのような実験的方法を用いても、刺激とその間やその後で現れる夢との間の純粋な因果関係を示すことができない、ということを指摘しておかねばならない。それは常に次の二つのどちらかである。

1. 両者の間に一種の翻訳要因がある。

2. 実験配置はすべてむしろ偶然で、自律的要因が働いている。

こう述べたことで、両方の場合とも夢は相変わらず解釈を求め、昔からの夢占いはその正当な根拠をもつことがすでに表明されている。夢占いはギリシア人に mantike atechnos（心自らの神的啓示の性質にのみ基づく実践）と呼ばれ、（自然）過程の長い観察に基づく mantike entechnos とは対照的に特別に才能ある人しかうまく行うことができなかった。これに対し我々は mantike entechnos の方をよく行う。しかし我々は、先に論じられた様々な原理的な困難さを常に自覚しておきたい。それは、最新の技術的手段を使っても免れえないのである。

夢をどんどんと体の方へ引き寄せようとする試みは、ここ十年の間に何倍にも広がった。アセリンスキー（六五ページを見よ）の発見の後、多数の実験室が設備され、夢の生理学と心理学を全く新しい手がかりから探究するために、世界中で毎夜その実験室で研究がなされている。結果はまだあまり実り豊かなものでないけれども、研究においては、非常に根気よく疲れを知らぬ熱烈さで結果を徹底的に調べ上げねばならないことは常識である。それゆえに私はこの章をまだ閉じず、少なくとも、夢のこの生理学と心理学に対してユング的立場からなしうる、そしてなすべきであるいくつかの考えを述べることにする。

4　夢への現代の実験的接近

夢が眠りの守り手であるというのは、周知のようにフロイトの第一の作業仮説である。それは当時の新ラマルク主義的、生物学的立場に添っており、それ自体としては心理学とあまり関係がない。検閲者を想定するに至った、すべての夢は願望充足と関係しているという第二の仮説で、やっとより心理学的な解釈となる。

タルムードも夢を夢自身の解釈とみなしているように、ユングは検閲者の存在を信じず、夢は自分の言うべきことを全く気にせず正確に言うとみなしていた。そうすれば当然、それに加えて検閲機能を想定することは余計になるのである。

これに対し現代の実験的研究結果はこの問題を新たに問い直した。今日では我々は、たとえ「幸いに夢もなく」眠ったと確信して朝目醒めたとしても、我々は皆毎晩例外なく何度も夢を見ていることを知っている。このように夢を覚えていないことがよくあるのなら、「検閲者」は夢の想起を完全に邪魔することに成功しているのではないか、という疑問が生じ、かくして夢の想起は記憶要因となり、議論はまたまた違ったふうにして混乱することになる。新たに発見された睡眠の神経生理学的特色がわかって以来、これやその他の夢に関する問いは科学的再検査のできる領域に移された。純粋に自然科学的には、夢の自然的前提条件、すなわち睡眠のことをよりよく知ることなしに、夢を理解することはできないであろうと言わねばならない。そしてさらに覚醒や意識をよりよく知らないと、睡眠を全く理解できないであろう。意識についてはこのシリーズの第三巻で詳細に扱われるが、睡眠についてはここで詳しく述べねばならない。なぜなら、ヒュプノス（Hypnos＝眠り）とオネイロス（Oneiros＝夢）はすでにギリシア神話で引き離しがたい兄弟であり、夜（Nyx）の子どもたちであるからである。彼らはまたあらゆる神々や人間の強力な（pandamator, II, xlv）支配者で、神々も彼らには屈服していた（ギリシア人では、眠り、夢見ることも神であった！）。

以下において、睡眠と夢の理解にとって意味のある、きわめて重要な神経―生理学的知識のみを示す。

睡眠についての主な新しい知識は、まず第一に、一九二九年にハンス・ベルガー（イエーナ）によって導入された脳波（EEG）の技術のおかげである。脳波とは、頭皮から導出することができ、脳活動と関連しているリズミカルな電位変動を記録したものである。覚醒脳波と睡眠脳波とは全く異なっていて、そしてルーミス（一八三七年）以来、睡眠脳波をさらに五つの段階に区別するのに成功していた。そのあとW・M・デメントは、それを合理的に四つに還元した（第一段階から第四段階まで、次第に表面的なものから深い眠りへと）。しかしアセリンスキーとクレイトマンの観察以来、もう一段階の睡眠脳波を導入せざるをえなくなった。それは他のすべての睡眠段階と非常にはっきりと異なっているばかりでなく、その上に眠っている人の素早く同期した眼球運動（閉じた瞼の下で！）という第二の現象を伴っているのである。デメントがこの段階をRapid Eye Movement睡眠と呼んで以来、何か偏見を注ぐつもりでなく、純粋に現象学的な意味で、レム（REM）睡眠という名が通るようになった。この現実はどこから見ても奇妙で、理解にはほど遠い。いずれにせよ今までのところ、提供されたいかなる説明もうまく行かなかった（このために、それが何であるかが知られていない賢者の石と同じくらい多くの名が、この現象につけられた）。この現象に関して最も興味をそそることは、これが夜に、きわめて規則正しく、約九〇分ごとに生じることである。眼球運動に示唆されて、研究者たちは、この段階が夢と関連している可能性が高いと思い始めた。レム脳波と眼球運動をよく特徴づけてからは、一つのレム段階の後で眠っている人を規則正しく起こして、夢を見ていたかどうか尋ねられるようになった。

多くのそのような実験によれば、このような場合の約八〇％において、今夢を見ていたと被験者が実際報告している。同じことをノン・レム（NREM）段階について行ってみると、二〇％以下しか見ていたという答がなく、レムと夢の間に非常に高い正の相関があることを示している。主観的に測られた夢の長さ（あるいは客観的な夢の口述の長さ）がレム段階の持続時間と正の相関をしているという事実も決定的であるが、それはすでに述べたように、モーリの体験と矛盾しているように思われる。

この実験設備を用いることで、多くの夢の要因を客観化することにすでに成功している。このようにして、身体状態と夢内容との間の直接的相関が認められるかどうかを調べる実験も行われている。例えば被験者に断食をさせても、何らかの食物摂取の夢の割合が増えるということは実証できなかった。また極度に水を断たれた被験者も特別に水を飲む夢を見なかった。しかし夢内容に関しては、今までのところ扱った研究者はあまりおらず、ただ何人かのフロイディアンが、そのような夢素材においてもフロイトの公式があっているということを確かめて満足しているだけである。

我々は毎夜いくつかの夢を見ているのに、普通なかなか全部を思い出せないということが知られて以来、いったい何のために夢を見るのか、という昔からの問いがますます強く我々をわずらわせるようになった。生物学に興味がある工学者たちは、コンピューターのアナロジーから夢を「ごみ捨て」として理解することを提案している。コンピューターでは使われない情報をふるい落とすことが時々必要となるのと同じように、夢要素とは、感覚器官によって覚醒時に（閾値下のもの）組織に入ってきていたものを、夢として再生することでふるい落とされるような内容だというのである。まじめな神経生理学者の考えることはこれの反対で、この再生は学習過程と関係があり、それどころかまさに分子レベル（DNS）での情報の保存、すなわち長期記憶の形成と関係がある、としている。しかし夢自体が生物学―心理学的に重要であることは、デメントによって大規模に実施された実験で明らかであろう。その実験では被験者はレム睡眠を慢性的に妨害されることによって、いわゆる夢剥奪（レム剥奪の方がよかろう）を受けたのである。あまり異論の余地なく確かめられたわけでないが、そのような被験者には神経的傷害が生じたという。それに対して全く確かなのは、そのような実験条件の後で被験者においてレム睡眠の顕著な補充的需要が生じたことで、このことから、レムや夢に対する多かれ少なかれ一定の需要があることが推論される。いずれにせよ、レム睡眠の生理学的必要性には夢の心理学的必要性も関係してくるので、かくして夢の客観性への寄与もなされたことになる。今日では、多くの被験者が時には幾晩もの間実験室で眠ることによって、人工的に夢をすべて意識化させられている。もしフロイトのいう検閲者が本当に我々に好意を持っていて、たいていの夢を忘れさせ、我々の眠りと心の安らぎを守っているのなら、突然この守りを断念せねばならないこのような被験者は、本来ならまさに容易ならぬ影響を感じるはずである。にもかかわらず、我々はそのようなことを確認することはできなかった。しかし夢自体が、記憶されるか否か、分析されるか否かにかかわらず、ホメオスタシス的な機能を持っているなら、夢を解釈する人はたかりのようなものであろう。人間が自制して、観察をしない限り、すなわち、どんなふうにして生じているかをどうしても知ろうとしない限り、夢はハインツェル小僧が毎夜けなげに自分の仕事をなし、家を整頓するように働くであろうに。そして実際、自分の夢を観察することをもくろんで、夢を追いやってしまう人がいるのである。

ユングの見解によれば、無意識は連続したもので、覚醒時にも中断することなく、意識の騒音によって周期的にかき消されているだけなのである。しかし無意識は、周期的に現れるレム段階によって、夢で再び開かれ見られるようになる。ところで、今やデメント＝クレイトマン流の技術によって、舞台裏へとのぞき込むことは、自然的な条件の下でよりも、はるかに頻繁にできるようになっている。かくして我々の被験者の一人は実験室で、それに先立つ分析の時よりも十七倍も多くの夢を見た。このようにして、普通なら失われてしまっている「情報」が多く得られている。情報のこの部分はまだ「意識の機の熟して」いない、あるいは逆に言うと、意識はまだそれを統合することができる状態にない、とみなしてよいであろう。この見解は、ただ一歩一歩としか生じない学習過程、意識化過程、という意味での意識内容のヒエラルキーを前提としている。覚醒時では、このことは十分知られている。すなわち、先に算術や代数を理解していなくては解析を学習することはできないであろう。そういうわけで先述の実験室条件のもとでは、我々の意識発達の水準からまだあまりに遠く、そのために非常に奇妙な、あるいは強烈な印象を与えながらもまだ全く同化できず、まだ少しも記憶できるものでないので、結局のところ再び忘れられてしまうような内容によく遭遇するのである。この意味でも、検閲者が眠りを守っているという理論は、夢によって急に目醒めさせられる場合をうまく説明できないのと同じく、必要のないものである。逆に覚醒効果には、そのような夢を生々しく記憶し、つまりすでに意識との関連を作り出すという直接のはたらきがある。そのような夢は常に強い情熱的な調子を帯びており、我々が自分たちの実験室で証明しえたように、すでにこの理由からして記憶によく残るものなのである。[*66] そのような夢の高い情動的調子から、元型的な内容が問題になっていることが推察される。なぜなら臨床的観察から、情動、元型、記憶の間の関連が裏づけられているからである。

ついでにここで繰り返しておくと、元型的な夢素材の登場と、ある危機的で典型的な人生期との間にみられる経験的によく知られた関連は、人生が過ぎ行くにつれ、あるいは個人の分析において、元型的イメージがヒエラルキー的に継起することと同じく、組織だった実証を差し迫って必要としている。そのような実証は今日、C・S・ホールとR・ヴァン・ド・キャッスルの内容分析的方法を用いることで成し遂げうるであろう。[*67]

元型と情動の間の不変の関係は、理解されたというのにほど遠い基本的な心理学的現象の一つである。記憶形成との関係は今や明らかになっているが、これは二次的なはたらきであろう。第一次的なのは「情動」(e-motio) で、これは周知のように多くの身体的な随伴現象を伴って現れるものである (このシリーズの第一巻参照)。これから考えさせられることは、古代文化において「治癒夢」(enhypnion enarges = 有効な夢)、すなわち直接に身体的な治癒効果をもつ夢が存在すると信じられていた事実で、[*68] そのことは情動と元型とについての観点からのみ理解することができよう。

コンプレックス刺激による身体的随伴現象のことは第一巻で扱われた。それは今日、実験室でより洗練された技術で記録できるようになっており、睡眠中も可能である。しかし睡眠時には覚醒時に比してそのような現象があまり目立たず、あまり規則的でないような印象を与えるので、神経生理学的な抑制があることを予期せねばならないくらいである。しかしこれもフロイトの検閲者と同じく、覚醒夢や悪夢の場合に通用しない。にもかかわらず、これらの植物性（神経）の随伴現象が生じてくる末梢神経は、覚醒中よりも睡眠中により強く断ち切られているという事実は残る。我々はより自分自身に引きこもっているのである。これは、我々がより自分自身のことを沈思していることなのであろうか。もしそうであれば、夢は「内なる勤め」を行っていることになる。デメントは長い間、夢というのは覚醒時の生活で蓄積した疲労素（毒素）を分解し、毒を取り除く過程のことだ、と信じていた。この理論は支持しがたい。なぜならこの理論どおりだと眠りの初めに夢（REM）段階が特別に集中して現れるはずなのに、実際はそうではなく、それどころかその逆だからである。最初のレム段階は少なくとも九〇分後にやっと現れ、後の方のレム期ほど長くなり、その夢は内なるドラマというのにふさわしいのに対して、最初の方のレム段階はむしろ短く、その上それが生み出す夢も断片的である。最後のレム期の夢に含まれる「昼の残滓」が少ないことからも、先にほのめかしておいたように、我々は夜がふけるうちにますます自分自身へ、すなわち自分本来の心的問題と欲求へと心を向け、そして神話化を始める（Synesius　九七ページ参照）、という印象を受ける。ここで心の本来の動き、一者が一者に向かい合うこと（プロティノス）、いわば目の中の目、が始まるように思われ、昼に心をとらえていたことはついにぬぐい去られるのである。

体の表面から導き出される身体的相関物の弱さに関して、この「構造水準」（ジャクソン）では「すべてがすべてとつながって」、すなわちもはや心と体の間に明瞭な区別がなく、レム期には両方の組織が共通で中性なことばを語っているのではないかという疑いも生じる。そうすれば夢とレム期は昔から求められてきた身体と精神の間の第三のものに関係していることになり、[*訳注10] また共時性というユングの厄介な原理にも関係している。[*69]

この領域を大胆な思弁にゆだねてみるとして、このテーマへの情報理論的手がかりを考えてみたい。睡眠中我々は多かれ少なかれ断求心化されている、すなわち感覚印象から得られる情報が大幅に減ぜられている。すでに「感覚遮断」の実験において、[*70] 被験者がそのような条件の下で幻覚や幻想を見やすくなることが確かめられている。これは空虚に対する恐怖なのであろう。さてもちろん覚醒時の生活においても、情報不足に苦しむ時、つまりあまりにも知っていることが少なかったり、何も先が見えないなどの場合がある。そのような状況では、「それはあたかも……」と言って、その後に形象的な表現が続くのが常である。ゲーテを少し変えて引用するなら、それはまさに概念がなくなる時に、イメージがちょうどよく出てくるから、である。ゆえに心は、このようにして睡眠中に、夢という形で「ちょうどよいイメージ」を作り出しているのであろう。我々がそれを受け入れるなら、それまであった情報の空白がふさがり、さらに興味深い夢の機能が示されるのであろうが。

第三章　昔の夢理論

他の人々が為し完成したことに、自分自身の行為、遂行を結びつけることほど大切なものはない。それは生産的なことを歴史的なものに結び付けることである。

ゲーテ、一八一九年

周知のように、夢を見るということは遍在的な現象である。おそらくそれは人間にさえ限られていないであろう。なぜなら、高等な哺乳類が夢を見ることはほぼ疑いないことであるから。つまり夢を見ることに関しては、心はきわめて高い恒常性を示し、全く保守的で、いつでもどこでも多かれ少なかれ同じように機能している、と言うことができよう。それゆえに、他の時代や文化に属する人々によって夢について行われた考察は、それらがかつて有していた妥当性を相変わらず保っているとみなさねばならないであろう。それらはずっと昔から生き延びてきた迷信であるとして説明するのは不遜なことである。そのような態度をとれば、我々は何も理解していないということを心ならずも認めていることになるに過ぎない。もちろん昔に述べられたこれらのことは我々のことばに翻訳されねばならず、それは残念ながら、必ずしもたやすいことではない。今日の西洋で、心ということばが科学的議論のための概念でほとんどなくなってきているだけに、それは余計にむずかしくなっている。しかしこれがまさに、心ということばが「拡充」されねばならないことの理由であり、それはまたしても、その拡充のための素材の由来する文化—宗教的背景を綿密に考慮することなくしてはできないであろう。民間に広まっていた何らかの概念が科学によって空洞化されればされるほど、その無意識的な部分が増長し、このシリーズの第一巻で述べられたように、我々を愚弄するのである。*訳注11

我々はそれに反してむしろ、分別のある人々が夢について絶えず考えてきたことから学ぶように努めるつもりなので、そのような観点から原典を入念に研究する苦労をいとわないのである。しかしこのような研究は、現代において存在しているかもしれぬ偏見を平静にぬぐいさってなされねばならない。さもなければフロイトのようになるかもしれないからである。『夢判断』のために膨大な文献を研究したのはフロイトの偉大な功績で、この本でもすでにそれを繰り返し拠り所にすることができた。しかし驚くべきことに、自分自身の全く新しい理論のために、そのように苦労して集めた資料を彼は後でほとんど皆忘れてしまったことがはっきりするのである。幸いにもユングはそのような理論を立てていないので、そのような資料を粗末に扱わないように努めることはよりたやすい。それゆえに我々は以下において、すでに述べた限界の枠内で夢理論の歴史を扱っていくことにする。※

1　エジプトと旧約聖書

古代エジプトで夢占いが非常に重要な位置を占めていたことは、旧約聖書の伝承からもわかる。メソポタミア文化ではさらにこれを上回るスケールである。一九五六年以来、A・レオ・オッペンハイムの著書[*71]のおかげでそれについての事細かな知識が手に入るようになり、彼はその本の中で夢のお告げ、象徴的夢、予言夢を区別している。しかし最も重要なことは、この文化圏で夢が一般に神から送られたものとして理解されていたことである。

旧約聖書でも全く同じような基本的見解が当てはまり、例えば『サムエル記』上、第二十八章、十五で、ふさぎ込んだ王はサウルに「そして神はわたしを離れて、予言者によっても、夢によっても、もはやわたしに答えられないのです」と嘆いている。ここでは夢と予言とが等置されている。ついでに、エルンスト・ルートヴィッヒ・エーリッヒが余す所なく集成した本のことをここで指摘しておく。[*72]啓示の手段としての夢が時がたつにつれて受け入れられなくなっていったことは、とりわけ新約聖書に明瞭にあらわれている。このことはハンス・シェールが実証した。[*73]しかし夢の理論に関しては、これらすべての古代の文献は実りのないもので、それはテクスト伝承の少なさに帰せしめられるのでなく、科学的な問題設定がまだほとんど成立していないことによるのであろう。星占い師と夢占い師とは確かに非常に信望を集めていたけれども、星に関しても、科学（天文学）はまだ全く占星術のためだけに存在していた。ギリシアを待ってはじめて科学的好奇心が発達し、そのおかげで我々のテーマにとって肝に銘じてしかるべき多くのことが手に入るのである。

2　インドの夢理論

夢理論についての詳しい原典を残した最も古い文明化した民族はインド人である。ジャガデーヴァの有名な『夢のかぎ』は十二世紀になって書かれたものであるけれども、最古の伝統にさかのぼるものである。これに従えば、インド人にとってはもともと、夢と現実との間の区別は立てえないものであった。かくしてあしたの現実は単に夢の続きということになるので、夢の約束したことを成就するよう義務づけられていることになる。おわかりのように、夢はこのようにして予言的なものになり、あるいは予知的なものになるとも言えよう。そしてこの意味で、夢は神のことばとしても重んじられていた。全く当然のことながら夢は過去の要素も含んでいるけれども、それは先述の理由からして、未来のことに比べて全く取るに足りないものであった。つまりインドの夢理論は、周知のようにインド人の覚醒状態においても著しいことだが、（歴史的）事実に対して全く無関心であり、それと同時にフロイトの言う昼の残滓を完全に無視していることがわかるのである。夢がそのように格別に未来に関係しているのなら、夢占い師も非常に威張った姿となる。そして残念ながらあまりまれではないのだが、そのようなことが我々に生じる時にはいつも、分析家はインフレーションの危険を十分に注意しなくてはならない。他方において、プラトンの言うダイモン的な人間（daimonios aner）のことも思い出される（後出八〇ページ参照）。また夢は、眠っている人の体から魂が毎夜旅行に出てその間に体験することに他ならないので、夢を見ている人を起こしてはならない。なぜなら、そうすれば魂がちょうどうまく戻って来られず、夢を見ていた人が死や狂気に陥ることがあるかもしれないからである。この観念は多くの未開民族にあることが知られている。しかしラーマーヌジャによれば、夢見ている人は神性によって別な身体、夢―二重身を手に入れるのである。[*74] これは第一のと並んで同時に生じた第二の理論である。これと同時にできたまた別の理論は、この身体外の経験という考えを放棄し、逆に、眠りにおいては外的な感覚経験が消滅しているので、内的な感覚、マナスが目醒めていて、その経験が夢で我々に伝えられてくる、とみなしている（後に述べるアリストテレス的解釈を参照にされたい）。その際には、現実経験の繰り返し（昼の残滓）のみでなく、エミール・アベッグが明らかにしたように、無意識的な傾向の基をなしている前世からの繰り返し、すなわちいわゆるサムスカーラが支配的である。[*75] この見解はインドの自然哲学者ヴァイシューシカによっても主張されている。そうすれば、よいカルマ（＝前世の行為の影響）からの夢は幸せな作用を及ぼし、悪いカルマからのは不幸な作用を及ぼすことが明らかである。自然哲学に従えば、三つの基本要素（dáhtu, dosha）である風、粘液、胆汁が、病気はもちろんのこと夢の成分としても重要な役を演じている。ここでギリシアの医術と夢理論（後出）との関連が認められるように思われ、それはアレクサンダー大王のインド遠征のために生じたものと思われる。

風の要素がまさると（＝多血質）、夢を見ている人は空中を漂い、大地を素早く通り過ぎ、野獣から逃げ去っているように思う。粘液素がまさると（＝粘性質）、夢で海を渡ったり、沼に沈んだり、豪雨にあったりしているように思い、胆汁質では（＝かんしゃくもち）火に飛び込み、稲光を見、天空に火がついたように感じる。興味深いのはこの理論に従えば、自分の気質に一致する夢はよい前兆で、一致しないのは悪い前兆であることである。

夢が昼の現実にあらわれていく、という冒頭に述べた見地に基づいて、多くの推奨に値する行動方式が生じる。その際に問題になるのは常に夜に見た最後の夢である。それがよい前兆を示していたら、目醒める時に太陽神に話して聞かせるべきである。逆に悪い夢は、話すことで現実に直接に入ってくるかもしれないので、ペラペラしゃべらない。それでも後の場合、ただ眠り続けて（今日では、次のレム段階まで、と言われるであろう）、できればよい夢を最後のものとして見るようにすることもできる。さらに別の予防的処置としては、瞑想、入浴、苦行などで就寝前に明るい神の領域に入ることがある。すでにリグ・ヴェーダに、悪い夢に対する特別な祈りが知られている。それには次のように書いてある。「高潔な心で過ごし、健康で、しっかりした性格を示し、自分の感覚を意のままにし、思いやりのある者には、夢はたいてい祈ってかなえられる贈物をもたらす」。特に危険なのは王が悪い夢を見た時で、その時には居住区からはるか離れた所で（感染の危険のため）百人もの僧侶が参加して大きな清めの儀式が行われる。

後には約一一六〇年にジャガデーヴァ[*76]が、すでに父のデンラブハラヤがサムドラティラカという予言の方法の手引きを著した後で、古典的なインドの夢の本、『スヴァプナキンタマーニ（睡眠願望の宝物）』を書いた。その本でジャガデーヴァは、夢は神から来るとするダビデ王と、腹から来るとするフランツ・ムーアとの中間の立場をとっている。彼の示している無数の個々の詳細事は、インドの精神生活とパンテオンの無限のイメージの世界からのみ明らかになる。短い第一部は幸運をもたらす夢の決疑論を行っており、そこでは一般的に、ギリシアと同じように（後出）、道徳的、宗教的事実と夢との一致は幸先のよい意味を持っていることが明らかにされている。ゆえにインドにおいてもギリシア（後出）と同じように、夢占い師が神話や民族学に格別に親しんでいることが必要である。しかしそのような好都合な場合では実現するのを落ち着いて待ち受けることができるので、少ない例しか残っていない。

はるかに長く挙げられているのは不都合な夢の目録である。なぜならこの場合は、悪を避けるための正しい儀式を行うことが重要であるからである。しかし我々にとっては、この本のこの部分はあまり益がない。それでもこの議論に際して、我々にとって興味深い原則が明るみに出る。すなわち、逆説的な意味をもつ夢が存在するということである。かくして、結婚式、とりわけ自分自身のを見ることは破滅を招き、逆に夢で哀しみ、泣き、嘆き、死んだ者は至る所で幸運を経験する。遺骸を見たり、毒で死んだりした者は健康になり、ブラフマンにとっては大罪である酒類を飲むことが幸運のしるしで、自分の頭が二つに割れることもまたそうである。[*77]性器を切り落とすことは生殖力の上昇を意味する。夢でへどの出そうなことをいやがらずにやった者は幸運を得、それどころか母と近親相姦した者は王になる。蛇と性交する夢を見た女の人は、英雄を生む。これはギリシア神話でも知られているモチーフである。しかしこれらの例外の他は平均すれば、自然法則に合う夢は幸先よいものとして、反自然的なのは幸先の悪いものとして解釈されている。

3　古代ギリシアにおける夢

古代ギリシアにおける夢に対する見解にはもちろん長い歴史がある。もともと夢は疑いもなく宗教的意味を持っていたけれども、後には、あらゆる祝祭の場や「鎮守の祭り」に何十人と姿を見せる山師的な夢占い師の格好のえじきになってしまった。ところで、夢の意味がこのように法外に移り変わっていくことは、ギリシアだけに当てはまることではないように思われる。このような変動は他の多くの文化においても認められるので、それが夢という現象自体に固有なものでないのなら、一つの「文化パターン」のようなものであるように思われる。しかし夢の意味についての広いスペクトルは時間だけの関数ではない。なぜなら他方では、同じ時代における夢についての評価が、夢を見た当人の社会的地位、教育、哲学などによって全く異なっていたことがはっきり実証されているからである。その上にこの相関は、今日我々においてそうなのと全く同じように、直接であったり、逆であったりしうるのである。夢の評価をある既知の何かに関係づけることを可能にする定数を見出そうとするなら、それは夢を見る人の不合理なものに対する態度の中に求められるべきである。この観点からして、夢に関係するある一つの現象が、夢についての価値が揺れ動く中を何千年と生き延びてきたのはきわめて意味のあることである。つまり、それはインキュベーション（神殿での眠り）のことである。それはすでにオロポスのアムピィアラオスやレベデイアのトロポニオスなどの先史の洞窟で実践され、他方今日でもなお多くのキリスト教の巡礼地で栄えていて、しかもそれはギリシアだけに限られていない（ハミルトン参照*78）。この注目すべき事実についてのいくつかの理由は後で一度詳説してみたい。さしあたりはギリシアの詩人、哲学者、医者たちの夢についての説を年代順に追って集めることにしたいが、その際当然ながら最も重要な個所に限られねばならない。

ホメロスにおいて夢（oneiros）は常に人格化した、しかし神的（theios）で翼を生やした存在で、それは夢見る人の頭の上（hyper kephales）、すなわち寝台の頭部に現れては再び姿を消す。その出現の際に夢は時間と空間から独立なのである。例えばネストールがアガメムノンを夢で訪れた時、彼は「私はゼウスの使者だ」（Dios de toi angelos eimi, Ilias II. 26）と名乗った。彼の務めはアガメムノンに神の意志を伝えることなのである。この例はホメロスにおけるすべての夢の模範として通用する。少なくともそれらが皆ゼウスからきている限りは。いわゆるホメロスのヘルメス讃歌においてこの神は、夢の導き手、伝達者（hegetor oneiron）と呼ばれている。このギリシアの初期の時代における夢で、疑いもなく非常に特徴的で目立つことは、神々が通例個人的に現れて、夢見ている人に話しかけることである（なぜなら神々自身が眠っている人々と対話しているから、とキケロがde divin. I. 64で述べているように）。他の例としては『イリアース』X、四九六と『オデュッセイア』XVI、二一〜二四とXX、三二だけをあげておく。古代の文献における無数の個所から、夢が神の使いであることを誰もが確信していたことは明らかであろう。理論的には、あるいはより正確にいえば、哲学—神学的には、このの確信の背景に、プラトンにも認められる（『パイドロス』二五〇C）soma = sema（身体は魂の墓である）というオルペウス教的な方程式が存在している。なぜなら睡眠中に魂はその墓場である身体から解放されるので、敏感に感じやすくなって、より高次の存在物と交わることができるのである。この思想はピタゴラスにも見られる。しかしそれはアイスキュロス、エウリピデス、ピンダロス（断片一一六B）、クセノポーン（Kyrop. 8. 7. 21）においてもまた通用する考えであった。夢がそのように尊敬さるべきものなら、夢が注意深く観察され、解釈されねばならないことはわけなく理解できる。これは例えばアイスキュロスの『プロメテウス』で、夢占いはプロメテウスの最も重要な発明の一つである（『プロメテウス』四八六）、と言われていることから明らかであろう。夢がそのように尊ばれていたので、夢に示されているかもしれぬ害悪を避けるために人力の及ぶ限りのことを為すのも必要であった。そのような夢は例えばヘリオスに物語ることができ、その明るい光は暗い面を追い払うのであった（ソポクレスの『エレクトラ』四二四と注釈、エウリピデス『タウリスのイピゲニア』四二）。そのような場合インド人は、異なる前提に従ってギリシア人とは全く逆にふるまったことを思い出していただきたい。さらにはまた、悪を避けるための神々に生贄を捧げることもできた（クセノポーン、symp. 4. 33、ヒッポクラテス、peri enhypn. II 10 Kühn）。あまりむずかしくない場合には水での清めで十分であったようである（アイスキュロス、Pers. 200、アリストパネース、『蛙』1339、アポロニオス、Rhod VI. 662。さらに他の例は、Büchsenschütz の本参照）。他に夢についてのおもしろい観点はエウリピデス（Hekabe 70）に認められる。そこでは女主人である大地が「黒い翼をもった夢の母」（O, potnia Chton, melanopterygon meter oneiron）と呼ばれている。まさに夢がこのように土（冥界）に源をもつために[*訳注12]、これから我々が見ていくように、インキュベーションの風習は我々の時代まで残ったのである。

　プラトンは特別な夢理論を作らなかった。彼の心理学から明らかになるのはただ、1. 理性、表象力（logistikon）、2. 感情、勇気、欲情的なもの（thymoeides）、3. 動物的なもの（theriodes）、の魂の三つの部分のうちどれが活動しているかによって主に夢の内容が決まってくる、ということである。ともかくプラトンは、logistikon のまさった夢を見れば、その夢の中で非常に深い真理が明らかにされる、ということを力説している（『国家』、IX.571 C 以下）。そのような夢は、普通の知識では十分に理解できないので、クセノポーンがその注釈で明らかにしたように、解釈される必要がある。有名なのはまた、プラトンが『饗宴』で（20A.）、夢に通じている人をダイモン的人間（daimoniosaner）と呼び、それに対してこれができない人を世俗的人間（banausos）と呼んでいることである。それでもこれは、プラトンにとってエロスの専門教育者であったディオティマのことばである。彼女によればダイモンは夢と神話の創造者であり、このダイモンの一つがまさにエロスなのである。プラトンがこの見解をある女性に帰していることを忘れてはならない！

さて今度は簡単にアリストテレスを取り上げねばならない。夢についての彼の見解は後世にまで影響を残し続けているのである。彼の parva naturalia（『自然学小論集』）の中の二つの小品が比較的よい状態で伝えられているので、それらが彼の理論を十分に解き明かしてくれる。それらは 1.夢について（peri enhypnion）と、2.夢による予言（peri tes kat hypnon mantikes 特に464b）である。これらの論文に従えば夢は、共通感官（koinon aistheterion ＝一般感情）、感覚の源（arche tes aistheseos）、すなわち表象の中心的な座である心臓が刺激される結果である（p.e.461a7）。このような刺激は、覚醒時から残ってきている感覚器官の活動の極微の運動によって引き起こされる。一般感情に対してフランスの精神医学はセネステジーという概念も持っている。それは、共通感覚（sensus communis）に関係している。これを器官感覚、生命的感覚と呼ぶ人もいる。ヘルバルトは全体感覚や総体感情という表現を用いた。また時には身体的意識と言われることもある。それらからわかることは、この概念が明らかなものであるというにはほど遠いということである。それには、健康、快、不快、疲労などがいろいろに関係している。もっともはっきりしているのは、例えば統合失調症のシュープの最初などにみられるように無意識が危険なほどに押し迫ってくる際に生じる、フランス人の言う体感障害（troubles cénesthesiques）である。それはまた、ルイス・キャロルの『不思議の国のアリス』の冒頭でもうまく描かれている。アリストテレスは、あらゆる感覚性質に共通なダイナミックス（koine dynamis akolouth-ousa pasai）について述べている。もちろんこれらの動きは覚醒状態にも存在しているけれども、その時には感覚器官が激しく活動しているので、それらを知覚したり聞いたりできない。つまり、外からの猛烈な影響で感覚器官があまりに大きな雑音をたてているので、その他に自己知覚をする余地がないのである。ここでシェークスピアの『ベニスの商人』（Ｖ／Ｉ）の中のロレンツォのことば、「そのような調和は不死の魂の中にある／しかし腐敗のこの泥々の冒険が／それを中に隠す時／我々はそれを聞くことができない」が思い出される。

そこで正夢の可能性のあることが明らかになる。なぜなら睡眠中は小さな器質的障害に対してはるかに敏感になっているので、熟練した医者なら夢から、病気、その治癒、死などを予知できるからである。

自分のよく知っている人々についての夢も、アリストテレスによれば予言的なことがある。そのようなことが可能なのは、これらの人々のモチベーションがよくわかっていて、これらの人物や彼らの問題に自分の意識がかかわり合っているので、そのような知識から彼らの将来の行動について何らかの結論を出すことができる、ということからも明らかである。注意しておくが、この見解はどう見ても合理的なものなのである！

アリストテレスによれば、夢におけるこれに類する別な面として、夢を見た人が将来にある行為をするように夢が駆り立てることがある。夢の診断的、予測的利用に関して、アリストテレスは「夢による予言」についての彼の論文を、夢がどのように理解され解釈されることができ、またどのように解釈されねばならないか、に関するおもしろい比喩で締めくくっている。それの訳を以下に続ける。

最高の夢占い師とは、類似をみる能力を有している者である。『類似』を私は次のような意味に解している。すなわち、表象像は、先に述べたように、水に映る鏡像のようである。後者の場合、動きがある時には反射は原物のようにいかず、像も実物のようでない。それゆえに、壊れ歪んだ像の断片が例えば人間か馬かそれとも何か別のものであるかが素早く区別できてわかる人が、そのような反映のすぐれた解釈者であろう。夢の場合においても、動きが夢の像の明晰さを損なうので、いくらか似た結果が生じることになる。

一般化すれば逆説的なことに、夢をダイモン的起源に帰せしめている限りでは、アリストテレスはディオティマと同じ考えである、と言うことができよう。彼は排他的に、夢が神から来ているはずがないと主張している。なぜならもしそうだとすれば、最もよく、最も賢い人にのみ夢が贈られるはずなのに、実際は明らかにそうではないからである。しかしこの結論には夢の価値を一般的におとしめるニュアンスが含まれていて、非常に長い間にわたって、西洋における夢の評価にネガティヴな影響を及ぼし続けることになったのである。

エピクロス派も新アカデミア（カルネデース）も、キニク学派と同じくらい夢に関してあまり関心を示さなかったことがわかっている。しかしストア派において、夢は再び重要問題となる。例えばストア派の長であるゼノンは、弟子たちは自分の夢から、どのくらい自分が徳に関して進歩したかを自分自身で読み取ることができる、と言ったそうである。古ストア派は、その源泉に従って、最初の夢分類を行ったようである（St. V. F. 3. 605）。すなわち夢は神から来るか、悪霊から来るか、それとも魂自身の活動の産物なのである。さらにストア派の人々は、人間の魂と世界魂との関係に基づいて、夢による予言を可能なものとみなしていた。この関係によって人間は、自分の感官が安らいでいる時、すなわち眠っている時に、あらゆる物事の関連を知覚し、かくして未来を知ることができるのである（St.V.F. 2. 1198）。ポセイドニオス（Cic. de. div. 1.30）は、神的なものは夢で人間に働きかける三つの可能性を有している、と説明している。

1. 魂はそれ自身の神的な性質によって未来を見ることができる。

2. はっきりとした真理のしるしを帯び、感官の細孔（poroi）を通って眠っている人の組織の中に入り込める不死なる魂で空気は満たされている（プルタルコス、de plac. phil. V. 2とquaest. conviv. VIII. 10, 2）。

3. 神自身が眠っている人に語りかける（ラインハルト、ポセイドン、457/9参照）。

ついでに述べておくと、プルタルコス（断片一七八）に、レム睡眠の機能に関して我々がなした思い切った考え（先述）のことを際立って思い出させる見解が見出される。プルタルコスの『モラリア』、断片一七八、魂について、を以下において訳出しておく。「なぜなら眠りにおいては魂は、退き、自分自身に集中する（集結し、集まる）ことで解離しており、それまでは身体を活気づけるために広がり、感官によって拡散させられていたのである」

この見解は、マクロ宇宙とミクロ宇宙との対応という有名な考え方と相まって、あらゆる予言的信仰にまさに因果的説明を与えるように思われる。すなわち、宇宙の秩序はcausa（原因）とeffectus（結果）の連鎖から成り、ある前兆は、ある種のeffectus（結果）に至るに違いないあるcausa（原因）を知らしめるのであると。この前兆の方はそれとしてある夢の中で知覚されるのである（Cic, de div. 1, 51-57：ポセイドニウスは、ある人の本性には未来のことの前兆が存在すると考えていた）。

この理論によって予知的、予言的夢、あるいはより正確に言うなら、予知的な意味で理解さるべき夢が存在可能となるのに対して、テレパシー的夢に関しては、驚くべきことにすでにデモクリトスにおいて見出される別な理論が必要となる。御存知のように彼の原子《アトム》は映像（eidola）であって、Individuum（個物）のあらゆる特徴を有している。このIndividuumというラテン語は、キケロがローマ市民たちにデモクリトスのアトム（he atomos＝原子）を訳そうとした時に新たに作り出さねばならなかったことばである。さて大気が原子＝個物で満ちている限りにおいて、原子はある人から別の人への使者としてもちろん適している。そうすればテレパシー的効果の生じるのもたやすいこととなろう（Cic, de div. 1, 43及びII. 67）。デモクリトスにさかのぼったことですでに年代順を無視していることになるので、この連関であえてさらにもう一度年代を錯誤することにして、ヘラクレイトスの有名な断片八九Dを引用させていただく。

> 目醒めている人々はただ一つの共通な世界をもっているけれども、眠りにおいては各自がそれから離れて、自分自身の世界に向かう。

自分自身の世界とは自分の夢の世界に違いなく、そこでは各自が全くひとりきりになって、自分自身だけと共にあって、いわば原初状況にあるのである。これはそれ自体神話的状況であり、したがって夢の出来事は本来、宇宙的な性質のものなのである。ユングが、夢を「主観的レベル」においても理解することを勧めているのは、このことを意味しているのに他ならない。

さて今度は、ギリシアの医術が夢をどうみなしていたかの略述が試みられねばならない。このためには、偽ヒッポクラテスの夢についての特異な論文（peri enhypnion. T. II 1-26 Kühn）の書かれた紀元前五世紀に戻らねばならない。彼に従えば、魂は覚醒時には身体的機能に従事しているのに対して、睡眠時には、眠っている身体が何も知覚しないので、魂は家の絶対的主人になっている。したがって魂は常に目醒めているので、身体が眠っている時にはあらゆる生理的、心理的機能を自分の自由にできる。それゆえに、この関係を正しく評価できる医者は相当な知恵をもっていることになるのである。さらに当然のことながらヒッポクラテスは、夢に神的な影響が現れることがあり、そのために他の方法では知りえないことを夢から聞き知ることがあるのを認めている。夢の診断的価値に関しては、睡眠中に魂は病因をイメージで捉えることができる、と彼は信じていた。ここに初めて、心の象徴的機能が想定されているのが認められる。夢の医学的側面に関しては、夢を見ている人の健康状態は夢に反映される、とヒッポクラテスははっきりと述べている。もちろん彼も純粋に神的霊感を帯びた夢の存在を認めていて、その解釈を彼は専門の夢占い師にゆだねている。しかしまた自然な影響というのも存在していて、それによって魂は身体の状態を知覚するので、次に述べるような仕方で機能している「衛生的組織」ともなるのである。すなわち、昼に体験したことを夢がただ繰り返している限りは（ここで思わずフロイトの言う昼の残滓のことが思い出される！）、身体に異常はないらしい。しかし喧嘩、戦争などが夢に登場すると、これは身体における変調を意味している。例えば、自然な状態にある太陽や月を夢に見たなら、それは健康のしるしである。しかし万一、夢でこれらの天体のどれかが普通でなかったら、マクロコスモス＝ミクロコスモスという方程式に従って、この「惑星」に対応する身体のある組織に障害があるに違いない。この機会に、メロテジア（瀉血小人、五八ページ図2参照）として医術に利用されていた、すでに示唆しておいた中世における惑星、黄道帯、人間の身体の間の対応のことを思い出しておきたい。泉や噴水は尿の組織に、川は循環器系に対応し、例えば洪水と乾燥とはそれぞれ高血圧と貧血とに診断的に対応している（「ヒッポクラテス的」な本、peri diaites, IV, 88ff参照）。

この問題に関してガレンからこれ以上何も言うべきことはない。先に引用した例からはっきりわかるように、「アナロジー的思考」とでも呼ぶのが適切な技術によって、夢を解釈することから診断が出されたのである。この技術は古代の多くの著者たちによって、夢占いの術における唯一の大切な点とさえみなされている(Arist, div. p. somn. (s.o.) 464b5; Artemid. II. 25)。

それゆえにヒッポクラテスとガレンの夢理論には、プラトン、アリストテレス、デモクリトスに比べて何か根本的に新しいものは見出すことができない。なぜならすでにプラトンやアリストテレスも、覚醒時の生活から残ってきている、いわば余韻のような動きを知覚することから夢が生じる、と考えているからである（プラトンにおける tas entos kineseis〔内から来る運動〕、アリストテレスにおける kineseis phantastikai en tois aistheteriois〔感覚におけるファンタジーの運動〕）。アリストテレスの心理学はこの内的な動きの間での抑制、刺激、重なり合い、干渉の差異計算から成り立っていると言うことができよう。しかし純粋に医学的な目的のためにはいかなる「外的」な夢源泉を想定することも断念されねばならず、マクロビウスの言う《somnia a deo missa》（神から送られる夢）※という考えも放棄されねばならない。ここにおいて我々は、夢の源泉を超越的とみなすか内在的とみなすかという根本的な区別に直面することになる。この区別は、ヒッポクラテス以来、夢に対してもともと存在した純粋に宗教的な態度をほとんど完全に排除してしまった、合理的で医術的な方向からとりわけ生じてきたものである。それでも、隠された身体状態についての夢からの予知はやまなかった。この種の二つの例を私はスイス工科大学での自分の就任講義で扱った。[*79] 雄弁なハレの教授フリートリッヒ・アウグスト・ヴォルフ（一七五九〜一八二四）は、このテーマについて次のように評している。「誰ももはや動物磁気を信じようとしなくなったなら、おそらくそのうちに病人における予知力を呼び起こすための新たな、より確かな手段を習得するようになるであろう」[*80]

ギリシア人は、初めはほとんど排他的に超越的源泉に興味を抱いていた。夢は客観的事実として、すなわちある者に実際に生じる何かとして感じられていた。ギリシア人は、夢から「訪れられる」（episkopein）とか、夢を「見た」（enhypnionidein）とか言った。そして直訳すれば「夢を作った」という意味になるフランス語の《j'ai fait un rêve》やイタリア語の《ho fatto un sogno》とかいう表現は考えつきもしなかったであろう。しかしその後に、つい先ほど述べた合理的時代が続き、それもまた振り子運動のように別の方向へと取って替わられたのである。ここではヘレニズム時代のことだけを思い起こしてみることにして、例えばフィロの考えを調べてみよう。周知のように彼にとって最も重要な器官はプネウマ（pneuma）であった。それは魂の魂（psyche psyches）であり、最も純粋にして最上の実体（ousia）、すなわち神的な実体を有していた。フィロにとって夢とは、プネウマが主役を演じる現象であった。その結果、夢はその予言的性質のゆえに何もかも重要となるのである。彼は夢を三つの範疇に識別していた。それらは次のようである。1.直接に神的な影響による予言的な夢。2.理性のはたらきによる予言的な夢。もっともこれは理性が一般の神的なはたらきと「シンフォニーと化している」限りのことである。3.熱狂的な力による、純粋に心的な情動から発する予言的夢。最後のカテゴリーの夢だけが解釈を必要とする。その熱狂的要素はもちろん再び神的な起源を暗示しているので、かくしておわかりのようにすべてが非合理的になる。

当然のことながらこの一面的に熱狂的な見解は、純粋に合理的なのと同じくらい不十分なものである。かつてのホメロスの区別（Od. XIX. 560ff）は決して忘れられてはならない。すなわち、象牙の門を通ってやってくる、混乱した、比較的重要でない夢と、角質の門からやってくる明晰で非常に重要な夢が常に存在するであろう、というのである（ちなみにこの有名な個所について気づいたことを述べておくと、ペネロペの鵞鳥と鷲の夢は、全くアレゴリー的に解釈されているのであって、決してユング的な意味で象徴的に解釈されているのではない）。まさにこのように二分することによって、夢を全般的に真剣に受けとめることが可能になり、そのことは、ギリシアでは自分の夢に基づいて生贄を捧げたり、神殿を建てさせたりした（アリスティデス）ことにおいて印象深く認められるのである。

ギリシア人の夢についての観察はほとんどすべてが今もなお当てはまっている、と筆者は考えている。もちろん文化条件が変わったために今日もはや見られない事象もいくつかある。例えば、今日においてはすべてがあまりにも世俗化されてしまったので、我々の夢に何か神的な顕現が現れることはもはやほとんどない。

同じ理由からして、王、僧侶、医者のみが重大な夢を見るというのももはや正しくない。

　これまでに示した資料は、全く四散した原典から入念に苦労して集められねばならなかった。この仕事はビュフセンシュッツ（Büchsenschütz）が片づけてくれてあって、後にはドッズ（Dodds）も特殊な視点から寄与している。不幸にも、古代に大変な数にのぼっていた夢についての重要な本はすべて失われてしまっている。それゆえに、少なくとも原著の要約を伝えている紀元後二〜四世紀の著者たちに頼ることになるのである。その最も重要な専門家はダルディスのアルテミドル（密儀の地エフェソスに生まれたのにもかかわらずそう呼ばれている）、キレネーのマクロビウスとシネシウスである。アルテミドルには夢についての古代の全文献を知っているという強みがあり、その上に専門の夢占い師として生涯を送っているので実際的経験が豊富である。彼は三千以上の夢を入念に集め、それを分析し、常に夢を見た人を徹底的に調べ、その病歴を示させ、そして夢の実際の結果はどうであったかを確かめるために、常にいわば予後を追跡したのであった。彼があまりにも過小評価されているので強調しておきたいのだが、彼が科学的興味を有していたことはこれから疑いもなくわかることである。我々の彼に対する偏見の理由には、綿密な心理学的分析を加える価値があろう。マクロビウスとシネシウスは彼に比してはるかに教養ある人物で、より独自に夢について考え、あまり文献のことを気にかけなかった。しかし彼らは哲学的識者で、実践家ではなかった。マクロビウスは新プラトン主義的神秘主義に通じており、シネシウスは洗礼を受けておらず、妻子を有していたのだけれども、キリスト教の司教に任ぜられた。このことからも、彼がその文化と教養とのためにいかに尊敬されていたかがわかるであろう。それゆえにどうしても彼をキリスト教の味方にする必要があったのである。彼は「家では哲学し、教会では神話学を研究」してよい（philosophon と philomython）という条件つきで、ただ不承不承に司教職を引き受けたのである。アルテミドルについては折衷主義者と呼びうるのに対し、マクロビウスとシネシウスは新プラトン学派の厳格な信奉者である。シネシウスは洗礼を受けた最初の新プラトン主義者として認められているのである。

α　マクロビウス

《de re publica》（国家について）の最後で（VI.1-9）キケロは、小スキピオ・アフリカーヌスのものだとされている、まさに広大な神話を描き出した夢を示している。それによって彼は、自分の対話篇を神話で締めくくることを好んだ、彼にとっては偉大な模範であったプラトンを、手本としているのである。[*81]

この場合は、エアの神話で終わっている『国家』が模範となっている。スキピオの夢の原典は今日、マイネルの『哲学双書』版で手に入る。[*82] このキケロの報告について、マクロビウスは二冊の本《Commentariorum ex Cicerone in Somnium Scipionis libri duo》（スキピオの夢についてのキケロに従ってのコメント二書）で詳細な解説を行っている。この本は非常に普及し、印刷術の発明の後は多くの版を重ねた。近年の翻訳としては、《Collection des auteurs latins》（ラテン語著作者集）[*83] とハリス・スタール（Wm. Harris Stahl）[*84] のがある。マクロビウスは無数の文献学的、歴史的、神話的問題を扱った対話篇、《Saturnalia》という七つの本で有名である。彼は紀元後四〇〇年頃に生きた人で、四一〇年にアフリカの地方総督になった。スキピオの夢についての彼の著書の影響は著しいものであった。シェドラー（M. Schedler）は、科学や神学にまで及んだその後々への影響を、中世後期まで周到に追跡している。[*85] 純粋に文献学的側面からはリンケ（H. Linke）だけを指摘しておく。[*86]

夢の背景を知るには、以下に記す資料で十分であろう。小スキピオ・アフリカーヌス（紀元前一八五～一二九）は、カルタゴとヌマンティアの征服者であった。キケロによれば、彼はギリシアとローマの精神生活の間の調和を完成し、ポリュビオスとパナイティオスの友人であった。彼が執政官の位に上ったのは、この位のための法的年齢に達する前で、そして紀元前一二九年に殺された。これから取り上げる夢を、彼はアフリカで戦士をしていた時に見た。なぜなら、前夜にマッシニサ（ヌミディアの王）と彼の祖父大スキピオ・アフリカーヌスと話してから、彼はいわば「哲学の世界にイニシェート」されたからである。

夢は短く要約すると以下のようである。

彼の前に大スキピオ・アフリカーヌスが現れ、彼は二年のうちにカルタゴを打ち破るであろうと予言した。まず彼は代官として様々な地方に派遣され、それから執政官になり、国家の再建者になる。そして親類から殺されなければ最高の栄光に達するであろう、と。その後に魂についての長い詳論が続き、それは当時の心理学についての包括的な叙述に他ならない。「勇気」（virtus）において傑出した者は死後も生き続けると聞いて、スキピオはすぐに自殺しようとした。待て、とその時に声がした。神々だけがお前を取り去れるのだ。次には、よりよく理解させるために、ウェルギリウスや後のダンテの場合と同じように、スキピオにも具体的な教育がなされた。すなわち、天球の音楽の聞こえてくる九つの天球からなる空と、区分された大地が彼に示され、最後に魂の不死性と神性が開示された。Deum te igitur scito esse!（ゆえに知れ！汝が神的であることを。）

さてこれにマクロビウスは新プラトン主義的なコメントを差しはさんでおり、それはしばらくの間ティマイオスへのコメントとみなされていた。彼の源泉はポルフィリウスとプロティノスであり、また多くのウェルギリウスの引用がみられる。第一原因（proton aition）は神で、神から理性《ヌース》と魂《プシケー》が生じた。魂は天球を通って下降していき、すでにプラトンにも見られるように、その途中で惑星の様々な性質を身につける。すなわち、土星からは理性と論理、木星からは活動力、火星からは情熱、太陽からは感情とファンタジー、金星からは願望と欲望、水星からは表現力、月からは生殖力、身体を生み出し育てる性質（natura plantandi et augendi corpora）、すなわち物質的でこの世的性質を得る。その旅路において魂は、下降に際してはカニ座で、死後に再び上昇する時にはヤギ座で黄道と交差する。カニ座とヤギ座は二つのportae soils（太陽の門）である（ポルフィリウスのDe antro Nymphar.28のように）。

魂は本来、モナド的な球であったのが、下降していって質料の中に入ることで一対になる。それによって魂は酔い、さらに銀河にまで落ちる（プラトン『ファイドロス』）。

プラトンにおける誕生前のモナド的魂の球形に関しては、十七世紀にヴィンツェンツ・フォン・パウル（一五七六～一六六〇、パリ）が目立ってパラレルな事象を報告している。[*87] それは、女友達のヨハナ・フランチェスカ・フォン・シャンタル（一五七二～一六四一、ジュネーブ）と共にサレジオ派の修道会（聖母訪問会）を設立した（テクストでは「品位ある母」）ジュネーブの教会教師で司教（テクストでは「殿下《モンセニョール》」）でもあったフランツ・フォン・サレス（一五六七～一六二二、ジュネーブ）の例である。それをここに引用することにする。

殿下の十九年後にシャンタル夫人が亡くなってから、彼が聖列に加わるまでにはそれからまだ約四半世紀を待たねばならなかった。

この十九年間を彼女は、彼の名声を広げ、彼の著作を出版し、彼の学院を発展させるだけに捧げた。彼女がムーランにある修道会を訪れた際にひっそりとこの世を去っていった時には、聖母訪問会は八十六ヵ所を数えるようになっていた。その長であるバンサン氏は、彼女が病気であるのをパリで知って、彼女のために祈り始めていた。その時、彼はヴィジョンを見、それを控え目にも自分自身のことと語らずに、次のように聖母訪問会の修道女たちに報告した。

「……信用に値し、またうそをつくぐらいならむしろ死を選ぶような人が私に次のように語った……その人の前に、火のような小さな球が現れ、地上から上っていって、空高い所でそれよりも大きくて輝かしい別の球と結合し、その二つは一つになってさらに高く昇っていき、その二つよりもはるかに大きく、はるかによく輝いている別の球の中に入って沈んでいった。そしてその人に秘かに、小さな球は我々の品位ある母の魂で、第二のは我々の幸福な父の魂で、最後のは神的な本質であるということを聞いた。その人には、この魂は幸福で、祈る必要がない、という内的な感情が残った」

「このヴィジョンを疑わしいものにしているのは、その人がこの魂の神聖さについて誇大な観念を抱いていることである。しかし、これが本当のヴィジョンであると思わせるのは、その人がそのような観念を抱くのに慣れておらず、今までそんなことがなかったことである」

「上記に基づき、私は自らの手で署名し、我々の印を押す」※

キケロのテクストでは、大スキピオ・アフリカーヌスは自分の孫に対して次のように言う。「なぜなら、お前の年齢が8×7回の太陽の運行を繰り返し終えたなら、つまりそれぞれ別々の理由により、自然の循環に従えば完全なものとみなされているこの二つの数で定められている天寿にお前が達したなら、お前とお前の名前の上に祖国中のまなざしが注がれるであろうから……もしお前が、お前の親類の手から逃れ去ることができるなら」(第五章)。

この節は、マクロビウスが当時きわめて人気のあった数についての思弁に詳しく立ち入る機会を与えている。しかしここでは、心理学的に興味あるわずかのものしか示しえない(後の一〇五～一〇六ページで、「無意識の数学」をもう一度取り上げるであろう)。

さしあたり問題となるのは、7×8＝56年という寿命についての条件つきの予言である。事実この夢を見た人はこの年齢で殺され、したがって彼の親類の「無法な手」を免れえなかった。さてマクロビウスはピタゴラス的に数象徴についての思弁を行っている。身体が変わりやすく、束の間のものであるのに対し、数は永遠の価値を持っている(tetraktys＝4、dekas＝10、など)。7は惑星の数に一致し、8は4(tetraktys)の倍、あるいは2＋2＋2＋2(dyas)であり、素数7にモナド1を加えたものである。ゆえに8という数は非常に重要であり、「完全」(plenus)とみなされる。7はまた昔の「臓器」の数である。予言はあいまいなままで、夢とはただ可能性を示すものであり、人間はせいぜいのところそれから警告を読み取り、それに応じて準備を整えることができるだけである。

その他にマクロビウスは、夢の系統学も示している。彼は昔の同僚にならって(ゆえにギリシアの概念である)夢を五つのクラスに分けている。

1. oneiros＝somnium＝大きな夢。
2. horama＝visio＝未来を一瞥すること。
3. chrematismos＝oraculum＝尊ぶべき人が現れ、我々が何をせねばならないかを告げる。
4. enhypnion＝insomnium＝重要でない日常的出来事。愛、食事、お金、敵、人望など。これらは主に昼の残滓が関係している。insomniumは次の三つの源泉から生じている。

(a)　精神の悩み
(b)　身体の悩み(身体刺激)
(c)　未来に対する心配

5.　phantasma = visum = 浅い眠りの時の入眠時、出眠時幻覚。それは過度の情熱から生じる。

4と5はあまりに取るに足りないとして後の考察で省かれている。それに対して1 oneirosあるいはsomniumはなお五つの下位分類に分けられている。

(a) s.proprium　夢を見た人自身に関係している。

(b) s.alienum　他人に関係している。

(c) s.commune　一群の人が共通の夢行為を夢で経験すること。

(d) s.publicum　共同社会に関係している（アゴラ、劇場）。

(e) s.generale　何か新しいことを伝えるために、宇宙が夢見た人に語りかける。

マクロビウスによれば、スキピオの夢は主分類の1から3までに該当する。なぜなら、この夢は、

1. それは解釈なしには理解できないから、大きな夢である。
2. 夢を見た人が自分の死後の場所を見ているから、それはvisioである。
3. 父（パウルス）と祖父が尊ぶべき人として彼に話しかけているから、それはoraculumである。

その他にこの夢はsomniumの五つの下位分類にも該当する。

(a) 夢を見た人がより高い地域に導かれているので、それはs.propriumである。

(b) 彼が冥界で他の魂を見ているので、それはs.alienumである。

(c) 彼がこれらの魂と一緒に、死後に自分にも属するであろうことを体験しているので、それはs.communeである。

(d) カルタゴに対する彼の勝利が話題となっているので、それはs.publicumである。

(e) 天体の運行を見、天球の音楽を聞いているので、それはs.generaleである。

かくして、ここではすべて再現しきれない多くの他の細部もこれに加えれば、当時の心理学の余す所ない描写が得られたことになる。またそのことから、マクロビウスが何世紀にもわたって重要な影響を及ぼし続けたわけがわかる。最後に著者は、スキピオの夢は魂の神秘へのイニシエーションに他ならないことを明らかにしている。そのイニシエーションは、すでに述べたように、魂が神の如くであることにその絶頂が見られる。

β　シネシウス

シネシウスの論文、peri enhypnion（夢について）[*88]は、例えばアルテミドルの手になる夢の本とは異なっている。アルテミドルの著したような本は、いつも一般的な説明しか提供できず、個々の魂の個性を十分に考慮することができない、という理由で、彼はそのような本を拒否していたのである。そのような文献とは対照的に、しかしまた上述の彼の理由づけに少し矛盾して、シネシウスは全く理論的な論究を著している。彼の哲学的前提も新プラトン主義的であるので、彼の論文はマクロビウスのと同じように、ティマイオスへのコメントだとみなされていることが多い。シネシウスの拠り所はフォルクマン（Volkmann）[*89]、ゲッフケン（Geffcken）[*90]、ラング（W.Lang）[*91]によって調べられ、三人とも一致して彼をプロティノスとポルピュリウスの近くに置いている。それでもストア派の要素もある種の役割を演じており、その他セクストゥス・エンピリウスや、殊に共感の問題が論じられる際にはポセイドニウスも関係している。

シネシウスは紀元後三七〇～三七五年頃に生まれ、キュレナイカで生涯を送った。彼はヘラクレスが自分の家系の祖先だと主張している。彼をアレクサンドリアで教えたのは、ヒュパティアという女の人であった。ここで扱う論文は彼がまだ異教徒であった時代、より正確に言えば紀元後四〇四年頃に書かれたに違いなく、しかも彼が言うところによれば、神の命令で書かれたのである。それは一晩のうちに書かれ、その際にシネシウスは二、三回自分が全く別人になった気がしたり、自分自身の聴き手になったかのように思ったりしたという。この著作はきわめて活発に議論に取り上げられ、ニケポロス、グレゴラスによって激しく批判されたけれども、少なくともルネサンスまでは高い評価を維持した。そしてルネサンスではマルシリオ・フィッチーノの賛美を受けて多くの新版を重ねた（ベニス、一五一六年、一五一八年、リヨン、一五四九年、パリ、一五八六年、一六一二年）。ようやく四一〇年になってシネシウスは洗礼を受け、司教に任ぜられた。※

以下において、彼の見解をできる限り逐語的に引用して示したい。

夢はもっぱら占いのために用いられるので、夢の理論は宇宙との交感に基づいている、というのが彼の詳論の哲学的核心である。夢占いについての第二の理論的前提は、ファンタジーについての彼の学説を形成している。

序論でシネシウスは次のように述べている。「もし夢に予言的な力があり、夢のストーリーが何かについて謎のようなことをほのめかし、そしてそのことが後で実際に体験されるなら、夢は確かに明瞭ではないけれども博識であることを認めざるを得ない。とは言っても、あいまいであることを博識であるとみなすわけではないのであるが」「しかしあらゆる善のうちで、予言技術が最高のものであろう」（一三一A）。共感説に関しては、シネシウスは以下のように論じている。「ある生物に属しているもの、我々の文脈で言えば、宇宙に属しているものはすべて関連しているということに基づいて、占いはすべてのことを通じてすべてのことをあらかじめ告げることができるとすれば、そしてこれらすべてはいわばフェニキア、エジプト、アッシリアなどの様々な言語で書かれた本のようになっているとすれば、賢者もそれを読みとれるはずである」（一三二A）。さてこの読みとりは、次のような方程式に基づいて可能になる（一三四A）。理性《ヌース》と魂の関係は、存在するものと生成するものの関係と同じである。ゆえに魂は生成するもののイメージを自らのうちに含んでおり、したがって未来を予測する能力はすべての人の魂に眠っているのである。もちろんそのイメージにも、プラトン的なエイドラが認められる。さてこのイメージはファンタジーの中に自らを映し出す。しかし、理性《ヌース》の方は自分を媒介する器官である魂においてようやくその姿を現し、しかもまさにファンタジーによって現れるのである。魂にはすでに生成のすべての形式（ユング的に言えば元型）が含まれているが、たいていの形式は時間的にみれば潜在化して存在している。その都度に役に立つものだけを、魂は意識に現しめるのである。しかし、魂に属しているイメージが現れてくる鏡は、A・ルートヴィッヒが適切に述べたように、[92]ファンタジーと呼ばれる。つまりこれは、人間にその魂の内容を最初に意識にもたらす気管なのである。魂の「刻印」がファンタジーによって映し出されて初めて、我々は認識するのである。ファンタジーは「少し小さい形での生命であり、その自然な固有の法則に従って存在している」（一三四B）。生物としてそれは、全く身体的なものよりも高く評価されるべき感覚器官も持っている。「表象する霊《プネウマ》」としてそれは最も包括的な感覚器官（一三五D）、魂の第一の身体（soma proton psyches）であり、同時にきわめて個別的である。つまりそれは知覚器官を持っているのである。「（該当する）身体的器官が活動していないのに、我々は（夢で）色を見、音を聞き、きわめて明瞭な感情を示す。この種の知覚がより高く評価さるべきかどうかは誰が知ろうか」。それは聞き、見て、要するに内に向って知覚し、それによって魂と神的なものとの交流を媒介している。「何しろそれは霊《プネウマ》全体と共に見、霊全体と共に聞くのだから」（一三六A）。つまりここでは、ファンタジーが魂と身体の間に位置しているのに対して、霊《プネウマ》は、Corpus Hermeticum（ヘルメス文書）においてみられるのと全く類似した位置を占めている。この関連では、ライツェンシュタイン[93]とライゼガンク[94]の仕事が参照されねばならない。霊は魂にとって第一の、そして固有の乗物（ochema）[95]で、「それは理性と非理性、身体と非身体の間の境界地で、その両者に共通な地域であり、それによって神的なものが物質と接触するのである」(一三七A)。さらにシネシウスは次のように述べている。「ある者は起きている時に、またある者は眠っている時に教えられるという。しかし、目醒めている者に教えるのが人間であるのに対して、眠っている者に教えるのは神である」(一三五B)。この文脈に、以下のような注目すべき文章が続く。「なぜなら、享受せしめることは単に教えること以上であるから」(一三五B)。この文には夢の直接的な働きがおそらく指摘されているのであって、夢の体験的な性質が強く表面に出ている。

次に占い一般を弁護する際において、シネシウスは少し個人的になり、それについて次のように述べている。「占いは神への道をひらくゆえに、おろそかにされてはならない」(一四三A)。「それゆえに、この種の予言が私自身に与えられ、私がそれを遺産として私の子どもたちに残せることを私は願う。それを手にするために重い荷を担って長い道のりを歩んだり、デルフィやアモンの聖殿などの遠い地への旅を企てたりする必要はない。むしろ、手を洗い、祈った後で、眠り込むので十分なのである」(一四三D)。この意味において、夢は誰の手にも届くので(アリストテレスの立場はこれとは対照的である。八二ページ参照)、民主的で博愛的である。それゆえにまた、夢占いでは誰でも自分自身が占いの道具となる(一四五C)。「それゆえに男も女も、老いも若きも、富めるものも貧しいものも、君主も臣従も夢占いに従事すべきである」。なぜならそれは「よい、秘密をよく守る助言者」(一四六A)で、夢で与えられる約束によって我々は「神の担保」を手にし、そのためにすでに前もって起こることを楽しみにして待ったり、それを分別をもって迎えるように準備をしたりできるからである(一四六D)。夢は未来へのスパイ、パトロールである。[96]

シネシウスは、彼自身が夢占いのおかげを多く受けていると述べており、その例をいくつかあげている(一四八B、D)。

もちろん夢占いを学ぶための最上の方法は、よい哲学的教育を受けること、感情に左右されないこと、中庸で質素で理性的な生き方をすることである（一五〇A、B）。もっとも、すでにアリストテレスが、知覚が記憶に、記憶が経験に、経験が科学的方法に至り、この過程はまた夢占いにも当てはまる、と適切にも述べている。しかしシネシウスは、夢の霊《プネウマ》的性質は普遍的な理論を作ることを残念ながら許さず、あいまいなものは無理に引き離して分析してもなお不明瞭になるだけであることをもう一度強調している（一五二C）。「それゆえに、普遍的法則が存在するという考えは捨てられねばならない。各自が自分自身を自分の技術の土台にし、どのような結果がどのような夢物語に基づいてふりかかったかを記憶にとめるようにせねばならない」（一五二C）。

最後にシネシウスは読者に、夢を書き付け、自分自身の生き方の真の記録としてのいわば夜の本を、昼の本である日記に付け加えるよう求めている。[*97]

我々にとって興味深いのは、「神話はそれを語る自由を夢に負わねばならない」という言葉（一五四D）で、ユング的な立場からみれば、むしろその両方とも同じ素材から発していることになろう。

γ　アルテミドル

次に、アルテミドル（紀元三七〇～四一二）を少し詳しく扱ってみたい。彼の仕事は五冊の本から成っており、『オネイロクリティカ』と呼ばれている。彼はそれをアポロの命に従って書いたつもりなのである。非常に近年の成果だとして我々が誇りに思っている考えのいくつかは、すでにその本の中で先取りされているのがわかる。以下においてアルテミドルの個々の考えを取り上げる際に、それらが三千の夢の綿密な精査に基づいていたことをお忘れにならないでいただきたい。またその際に、さらに強調しておかねばならないことだが、アルテミドルはこれらすべての例について病歴、病後歴、病後の問題、を知っていたのである。

1. アルテミドルの夢の資料と現代の例との間で最も際立ったコントラストは、アルテミドルでは非常に頻繁に神々の顕現が生じることにあろう。この場合に関して、彼ははっきりと決まった、絶対に信頼できる規準を有している。それはつまり、

2. 神が儀礼にふさわしい正しい形で現れる時、すなわち正しい属性を帯び、その崇拝されている像で現れる時、その現れは吉兆と解釈される。しかし神の「装備」に少しでも「欠陥」があるなら、夢は災いをもたらすものとなる。[*98] 神々が誤った「衣装」で現れるなら、その言葉は偽りであろう。神的な領域での常態からのそのような逸脱は冒瀆的だと感じられていたかのように思われるかもしれないが、この現象の正しい心理的解釈は、そのような夢を見た人は、該当する神に関係する内的真理や性質と葛藤状態にあるに違いない、ということであった。したがって神はその人に復讐するに違いないのである。一般にここで、あらゆる古代の夢占いに共通する要素に出くわす。すなわち、

3. 夢は主に未来の出来事に関係づけて理解され、しかも夢は、

4. 出来事が好都合か不都合かを前もって告げる。

5. 神も一定の規則に従わねばならず、したがって女神は男性よりも女性の方にふさわしい。つまりこれにおいても《suum cuique》(各人にその分を)なのである。

6. 神々はまた、その属性の形のみで現れることもできる(pars pro toto、一部が全体の代わりに)。すでに2から明らかなように、夢占者は神話に精通していなくてはならなかった。

7. 神々は一定の処方を与えることができ、病気の場合には医学的な処方箋を書くことさえもできる。それでもこれらの処方はいつも非常に簡単で、解釈される必要がない。一般に神々は夢では、明瞭なことばを

話すのである。もしも謎のようである場合があったとしても、それは我々を夢についてもっと熟慮させるためだけである（IV、22）。

8. 夢には、αテオレーマティコイ（theorematikoi）、βアレーゴリコイ（allegorikoi）の二種がある。前者は現実にぴったり相応し、たちまちにしてその如くに実現される。後者の場合には、謎によって（di ainigmata）示されている深い意味があるので、実現に至るまでには長くかかり、時には数年もかかることがある。

9. 夢には内から来るものと、外から来るものがある。予期せぬ要素を含む夢はすべて後者に属する。なぜなら、それは神から送られたものだから（theopempton）。

さて、解釈原理に関する細かいことを、なおいくつか強調しておくことにする。それらは、今日においてもなお肝に銘じておかれるべきことのように私には思われるのである。

1. 典型的な夢要素の標準的解釈は少ししかなく、次に示すリストでほぼ網羅し尽くされている。

頭＝父。
仕事＝母、仕事は養うから。
仕事＝妻、男性は妻と同じくらい自分の仕事と緊密に結びついてくるから。
足＝奴隷。
右手＝父、息子、友人、兄弟。
左手＝妻、母、（女性の）恋人、娘、妹。
恥部＝両親、妻、子ども。

2. すべての夢は次の六つの要素（stoicheia）を含む。
(a)自然、(b)法、(c)風習、(d)職業上の能力、(e)芸術、(f)名前。自然、法、等々に従って夢で生起したことすべてはよい前兆であるが、何らかの仕方でそれから逸れているものは何もよいことを意味しない。

3. 夢を見た人の生活史（既往歴）と現状をよく知っていなければならず、場合によってはその人に関して間接的な情報を集めねばならない（客観的既往歴）。

4. 夢を見た人の性格も知っていなくてはならない。

5. それどころかその人の現在の気分も考慮されねばならない。

6. 完全な夢を手にせねばならず、断片は解釈してはならない（IV、3）。

7. 夢を見た人の住んでいる所の風習や慣行をよく知っていなければならない。そうすれば、2番のところで述べたことと考え合わせて夢を正しく判断できる。

8. 語源（語義）は常に考慮に入れられねばならず、殊に固有名詞の場合がそうである（例、Eutychos = Felix = 幸運な者）。

9. 夢のモチーフは両義的である。これにはいくつか例がある。

(a) ロバの耳は、哲学者にとってのみよいしるしである（I、24）。なぜならロバは傾聴せず、屈しないから。他の人には、それは召使いの状態と悲惨さを意味する。

(b) 入浴。以前は重労働の後で入浴したので、それは汗と涙を意味した。しかし今日では、それは富と贅沢さのしるしであり、したがって吉兆を意味する（I、64）。

(c) 神殿で眠ることは、病人には治癒を、健常人には病気を意味する（I、79）。

(d) 金それ自体は吉兆であるが、しかし例えばある男が金の首飾りをしていたとすれば、それは逆のことを意味する（II、5）。

(e) 雷に打たれることは、持っているものをすべて失うことを意味する。貧乏人は貧しさを、金持ちは富を有していることになるので、それぞれの場合に応じてそのような夢はよくも悪くもなる（II、9）。

（f）イルカが水の中にいる時は吉兆で、水の中にいない時は凶兆である（II、16）。

（g）自分の敵に何か悪いことが生じたなら、それは自分にとってよい前兆である（I、2）。

（h）幸福な時に夢で幸福が約束されたなら、それは不幸を、不幸な時に幸福が約束されたなら幸福を意味する。逆に、不幸な時に不幸になる夢を見たなら、幸福を意味する。

（i）単純な人々は具体的で直接的な夢を見、それに対して、夢について多くを知っている人においては、むき出しの事実が夢ではいわば象徴に置き換えられる（IV、導入部）。

ここにはソポクレスの伝統が認められる。

「夢は賢人にはあいまいな言葉を語る創造者で、愚人には悪い教師であるがそれは明確な言葉を語る」

（ナウク、ソポクレス断片、七〇四番）。

　一般的に言って、悪い条件下で暮らしている時には快適な夢を見る、という規則が当てはまる。夢象徴のこの両義性ないし多義性の説明として、アルテミドルは人生そのものの事実も両義的であることを指摘しているだけである。

（k）IV、67には、七人の妊婦が別々に見た同じ内容の夢が七つの異なる意味をもっていた、というきわめて印象深い例が示されている。彼女たちは皆、蛇を一匹生んだ夢を見たのである。解釈はそれぞれの個人的な状況に合わせねばならなかったが、後に明らかになったように、その結果（apobasis）もまた皆様々であった。

（l）夢における願望充足という考え方は、アルテミドルによって次のような表現で先取りされて述べられている。すなわち、我々は自分に生じていることをより明瞭に認識するのを神が助けてくれることを望む。この意味で我々は、aitematikoi、すなわち自分の夢が何であるかということも尋ねたがるのである。しかしアルテミドルは、ふさわしくないことを神に決して請わないよう警告している。また、ありがたい答を受け取った際に生贄を捧げたり感謝を表したりすることも忘れられてはならない（IV、2）。

(m) 夢の解釈に際しては、ここに述べたことや他の多くの規則をすべて組み合わさねばならず、解釈を述べる前に、夢を見た人の人格に及ぼすかもしれぬ影響を十分に配慮せねばならない（III、66）。いくつかの夢は、それが実現するまで解釈せずに置いておかねばならない（akritos）（IV、24）。

(n) IV、20でアルテミドルは、ある種のあまりに学識のある分析家のために私が引用しておきたいと思う忠告を行っている。すなわち、ここで述べたあらゆる事情を良心的に考察した暁には、解釈を明瞭かつ簡明に与えねばならず、しかじかの多くの権威を挙げることで、より信頼性を与えようとしてはならない。なぜならそのようにすると、自分の博識と知性で患者に感銘を与えようとしているに過ぎなくなるからである。

夢占い師の職業倫理に関するこれらをはじめとする多くのコメントは非常に適切なことが多く、全く現代的である。それらはあらゆる時代にわたっての心的態度にとってまさに特徴的なことを指摘しているので、そのうちの風変わりな部分をなおいくつか細部にわたって論じることにする。それらのせいで、アルテミドルは反啓蒙主義者であるという偏見がこれまで抱かれていたのである。

アレクサンダー大王はフェニキアの町テュロスを七か月の間、成果もなく包囲していた。ある夜に彼は、サテュロス（satyros）の出てくる夢を見て、その翌日に都市が陥落した（IV、24）。アルテミドルの解釈によれば、Satyrosという言葉はsa tyrosと分けて読むべきで、そうすれば「テュロスは汝のものである」という意味になる。もちろんこれは結果から推論された解釈であるけれども、「予言者的」な解釈にもしばしば適用される方

老女（graus）	γ	ϑ	α	ῦ	ς			
数価	3	+ 100	+ 1	+ 400	+ 200			＝704
埋葬（he ekphora）	ἡ	ἐ	κ	φ	ο	ϱ	ά	
数価	8	+ 5	+ 20	+ 500	+ 70	+ 100	+ 1	＝704

表１

法を例示することになっている。この連関で、夢において実際に語呂合わせがよく生じ、覚醒時にも語呂合わせが事の真の核心を衝撃的に明らかにすることがよくある、ということを思い出しておかれたい。無意識が全く機知にもあふれていることは、しばしば医者と患者の娯楽に役立つ。

古代の夢占いにおけるいわゆるイソプセペン（同値語）の使用は、この考え方をさらになお著しくおし進めたものである。他の所と同じように古代ギリシアでは数字がなくて、アルファベットで代入されていた。そのために、どのことばもある数値をもっていた。同じ数値の言葉は同義語とみなされ、それにイソプセペンという思弁の本質が存する。したがってイソプセペンは任意に交換でき（satyros — sa tyros のように）、このことは巧みな夢占いにおいて非常によく考慮に入れられる。アルテミドルの示している例は（Ⅳ、24）、ある病人が老女の夢を見て、その後で死んだ、というものである。計算は上のようになされる（表1）。

しかしアルテミドルは、老女はいずれにしろ死を示唆するからこのような計算は全く余計だ、と冷淡に付け加えている。

このイソプセペン解釈の例をなおもう一つあげておく（Ⅳ、22）。旅に出たローマのある男が夢で別の男に、自分が無事にローマに帰れるかどうか尋ねたところ、答はou（ου）、すなわち否であった。しかしこの言葉の数値は四百七十（ο＝70、υ＝400）なので、答は本来のところ四百七十日後に帰れるという意味になり、実際にもそのように事がはこんだのである。

我々にはこれらの思弁は冒険的に思われるけれども、それなら我々は無意識の数学を知らないことになるのであろうか。今日もなお熱心に使われている「数字学」に関する莫大な文献が存在していないとでもいうのであろうか。カッバーラをはじめとして、キリスト教をも含むその他の思弁は、そのような奇妙な秩序づけに満ちているではないか。占星術やいわゆるジェマトリアのことを考えてみればよい。このような特別な種類の相関関係はインドにおいて有史以来信じられており、そこでは宇宙論的な意味を帯びている（意識と世界のヒエラルキー＝魂）。これに関してはジョン・ウッドロフ卿の『文字の花輪名句集』（ヴァルナマラ）[99]を参照されたい。ユング的な観点からみればこれらすべては無意識の現象学に属していることになり、ユングの『数の夢の知識に関する寄与』[100]もこの考えに基づいている。この論文を読めば今日でもなお、かすかな不快感が忍び寄ってくる。これらの相関関係が正しいとしても、それは常識はずれな直観によってしかわからないのであり、ユング自身、そのような直観の約五〇％が正しいと述べている。

好意ある読者なら、いかに多くの、今日でもなお真に肝に銘じてしかるべき忠告を、実践家であるアルテミドルがその五冊の本でなしているかに気づいたことであろう。残念ながら彼の作品は最近まで手にしがたかった。ようやく一九六三年に信頼できる原典版が《Bibliotheca Teubneriana》に現れるまで、[101]そのようなものはなかった。ドイツ語訳に関しては長い間なお悪い状態であった。なぜなら今までにドイツ語訳として存在していたものが不十分であったからである。[102]今日の心理学者がアルテミドルを尊重していないのは多分この理由によるのだろう。フロイトが彼を綿密に扱ったとはいえ、残念ながらフロイトもクラウスの訳しか使えなかった。[103]

δ　夢神託とインキュベーション

古代ギリシアでは、夢を真の神託とみなしていたことを我々は確かめてきた。例えばアウグリエンやハルスピッツィエンなどの、神託を受けるための他の有名な方法では、出てくる可能性のある答の数が限られている固定した規準体系が存在しているのに対して、夢はそのような定まった範例を持っていない。夢は本当に様々な形であらわれるので、その理由からして、夢の解釈には膨大な経験と知識が必要となるし、あるいはこれもよくあることなのだが、逆にそのために全く表面的で安っぽい図式論に至ったりする。この困難さのために、ギリシア人は早くから夢を病気と治癒に関する神託として理解するという、全く特殊な見方をするようになったのであろう。この特殊化のために二つのアレンジをすることが必要になった。すなわち第一に、この領域を専門にしているある神に頼ることが必要になり、その神に対して相応する儀礼が整えられねばならなかった。そして第二に、身体と大地は実際上のところ同義語だったので、頼るのは地界の神性でなければならなかった。この連関において、「大地という女主人」（potnia Chthon）はすべての夢の母であるという古い信仰も意味があり、役立つことがわかった。*訳注13 さて地界の神々は自分の決まった住み場所に結びついているので、そこへ出かけて行き、巡礼しなくてはならない。無数の巡礼によって聖域は、時がたつにつれ大きな威信とマナを積み重ねていった。この種の夢神託については、先史時代の範例があり、例えば地界の英雄であるアンピアラオスとトロポニオスの聖域の洞穴がそうである。彼らはいつも問いに答えたり、奇跡的な仕方で病気を癒したりしていた。その他にも古代の神話的な医者で、後に神にまで高められたアスクレピオスがいた。医術を専門にしたそのような英雄や神々は、当然ながらすでに多くの民族や文化でみられたけれども、有名さにおいてアスクレピオスと競えるものは一人もいなかった。我々の知っている限りでは、彼の儀礼は殊に洗練された形で行われていた。さてこれから、アスクレピオスの諸聖域でどんな儀礼が行われていたか、換言すればいわゆるインキュベーションの実践の本質は何にあったかを、非常に簡潔に描写してみるつもりである。それ以上のことは、『古代のインキュベーションと現代の心理療法』（邦訳『夢の治癒力』[*104]）における筆者の、より詳細な描写を参照されたい。そこでは、理解のために殊に重要なトロポニオス、アムピアラオス、カルカス、ファウヌス、イシス、サラピスに関する比較資料が集められている。逆にここでは、アスクレピオスに限定して述べることは全体を代表するその一部分として理解されねばならず、すべてのアスクレピオス（アスクレピオスの諸聖域や諸聖地）の中で最も有名なものとしてエピダウロスだけに焦点をしぼることについても同じことが言える。

エピダウロスは、アルゴリスの山の多い内地に地の利を得ていた。そこからは八キロに及ぶ聖なる道が、同じエピダウロスという名の港へと通じていた。その建物の美しさは全古代世界に知られており、殊に劇場とトロスと呼ばれていた円形神殿は有名であった。聖域には無害な蛇がウヨウヨしていて、東洋風のプラタナスが見事に生い繁っていた。入口の近くには、百以上の病歴が彫り込まれた六つの石碑が立っていて、療養所としての名声をなかんずく証明していた。そのうちの七〇は今日もなお残っていて、ルドルフ・ヘルツォークの、模範にすべきような版で見ることができる。[*105]

病人はすぐに聖域に入ることを許された。しかしすでに瀕死であったり、妊娠中で出産が近い時などは例外であった。なぜなら聖域は儀礼上のきまりとして、死と誕生によって汚されないようにせねばならなかったからである。いくつかの清めの儀式や沐浴をすませ、仮の生贄を捧げた後で、病人はそこのベッド（kline）の上で眠ることが許された。このクリネーという言葉は、クリニックという現代の概念の名づけ親である。大寝室はアバトンとかアデュトンとか言われ、文字どおりにはそれは「招かれざるものが足を踏み入れてはならない空間」という意味である。この術語から、エピダウロスにおいても密儀が行われていたことが推察される。なぜならその言葉は、イニシエーションを受ける資格があるとされ、それに呼ばれた者の常套語であったからである（例えば、イシスの密儀に関するアプレイウスの叙述を参照のこと）。「招命」を受けたかどうか、あるいはいつ招命を受けたかという問いに関しては、最初に生贄を捧げているうちに答えが明らかになったのであろう。ひとたび立ち入ることを許されたなら、その後のことはすべて、アバトンでの睡眠中に正しい夢を見たかどうかにかかってきた。これは、「インキュベーション」という表現がもともと意味していることである。なぜなら《incubare》とは単に「聖域で眠る」ことを意味し、ギリシア語ではenkoimesisという言葉がこれにあたる。神殿内の大寝室はEnkoimeterionとも呼ばれ、このギリシア語から墓地を意味するcimitero（イタリア語）やcimetière（フランス語）が派生してきたのである。夢が適当なものであるかどうかは、その効果によってわかった。なぜならうまくいった場合では目醒めた時には患者が治癒していたからで、それゆえに「治癒睡眠」とそれを呼んでもいい。見受けるところ、アスクレピオスの登場する夢は常に治癒力を持っていた。彼の顕現の仕方には、夢の中（onar）であるか、覚醒下（hypar）であるかの二とおりがあった。後者の場合は、顕現の仕方はヴィジョンであり、インキュベーションをしている者が興奮し過ぎて眠れなかった時であろう。一人で顕現する時には、アスクレピオスは礼拝像と同じく髭の生えた男性の姿か、それとも若者の姿かで現れた。しかし処女である自分の妻や娘のヒュギエイア、イアーソー、パナケイアを伴っていることもよくあった。本人が現れる代わりに、これらの従者の一人や、助手のマカーオーンとポダレイリオスを派遣するだけにとどめておくこともできた。さらには彼は蛇や犬などの獣の姿をしても現れた。その場合には、彼は患者の患部に触れて、再び姿を消した。この儀礼のできた初期には、すぐに最初の夜に夢での顕現を体験しなかったならばその患者が「招命を受けていない」ということが明らかなので、患者は不治であるとみなされていたらしい。後には、仮の生贄の結果がそのことを決定するようになり、したがって救いを求める者は、吉兆が現れるまで、すなわち、決定的瞬間（kairos oxys）が訪れるまで、長い間待つこともよくあった。このようにしてエピダウロスは、時がたつにつれて大きな療養所になったのである。

しかしこの発展には別の、純粋に宗教的な動機も加わっていた。すなわちたいていの場合において、治癒した患者は神の力と好意についての深い信仰をいだくようになったらしいからである。つまり彼はこの経験を通じて、専門用語で言うところの「宗教的な人間」になったのである。このことは、療養が長く続いたことに対して、心理学的に見て間違いなく重要な役割を演じた。健康な転移（＝宗教的なこと）が非常に好影響を与えたのは事実のように思われるけれども、患者が「狂信者（fanaticus）」になること、すなわちfanum（聖域）からもはや立ち去れなくなることは確かに必要ではなかったのである。しかし時には、患者が非常に長期間にわたって神殿内にとどまる場合もあった。このことは、アスクレピオスの同僚の中で最も成功を収めたサラピスの諸神殿で有名であったカトケー（とりこ）の施設を思い起こさせる。彼のカトコイ（Katochoi）、すなわち神殿の自発的なとりこたちは、非常に長期間をこの巫術的な病院で過ごした。多くのアスクレピオスの聖地への常客であった有名人の中に、スミルナの雄弁家アエリウス・アリスティデスがいた。また別の有名人アプレイウスは、女神のイシスに束縛された者（desmios）と自称していた。

たやすく理解できるように、そのような聖地では夢占い師に用はなかった。付言しておくと医者も一人もおらず、いかなる医術も行われなかった。

しかし救いを求める者は、自分の夢を記録に取ること、あるいは記録に取ってもらうことを義務づけられていた。アリスティデスの報じるところによれば、「とりこたち」は、符号（symptoma）、すなわち司祭の夢との符合が生じるまで、自分の夢を注意深く記録していたという。別の個所で彼は、Hieron（聖域）の外の司祭の所に泊まっている時にその司祭や、それどころかその奴隷が彼の代わりに夢を見たこともあったのを漏らしている。このことは、アスクレピオスの聖地の全雰囲気が「治癒をもたらす霊」に本当に満ちあふれていたに違いない、としてしか理解のしようがない。実際、上述のデモクリトス、アリストテレス、ヒッポクラテスの見解には、この見方を裏づけるような一種の理論的前提が見られる。アプレイウスはイシスの密儀の間の捕われ状態を次のような言葉で適切に要約している。《neque vocatus morari, nec non iussus festinare》（汝呼ばれたればためらうことなかれ、しかし汝命じられざれば急ぐことなかれ）、そしてイニシエーションに呼び出される日は《divino vadimonio destinatus》（神的な保証で決められる）。時には、請願者がイニシエーションを受ける機が熟していることのしるしに、全く特別なヴィジョンが必要とされることもあった。このことはアスクレピオスの聖域で明瞭な夢（enhypnion enarges）と呼ばれていて、それから目醒めるとすでに治癒が生じているような有効な夢が求められるのに明らかに対応している。患者は、治癒した暁には少額の謝礼を神殿に支払い、感謝の生贄を捧げることが期待されていた。罪を犯したり、療養の後で「敬神的」にならずに以前の合理主義や懐疑主義に堕落したりした時には、神が病気を再発させることによってきつい訓戒を垂れる場合のあったことも知られている。

プラトンの『国家』（III、14、15）から、アスクレピオスの夢での決定がいかに絶対的な権威を有していたかを知ることができる。アスクレピオスは、現下の秩序に従っていない人間を直すことを拒否した。そのような人は社会に役立たないからである。また逆にこの神的な医者と愉快な間柄になっていたらしい患者もいて、このことはまさに心理療法についての現代の弁証法的な見解を思い起こさせる。それゆえに次のようないくつかの実におもしろい逸話を耳にすることができる。水を飲むことをアスクレピオスに禁じられたフィロストラートのポレモンとかいう男は、「もし私が牛だとしたら何を命じたのですか」とやり返した。あるいは神に豚肉を勧められたあるプルタルコスという名の男は、「もし私がユダヤ人だったら何を処方したのですか」と応酬した。アスクレピオスはそのような冗談に応じ、それどころか時には処方を変えたりもした。しかし逆説によって癒すということに事態がかかっている場合には、すなわちまさに禁じられているものが薬である場合には、彼は譲らなかった。例えば、ギリシアのアドニス崇拝者が生の豚肉を食べねばならない場合などのように、治癒のためにタブーを破らねばならない時でさえも彼は譲歩しなかった。つまりこれには、「同種のものは同種のものによって」similia similibusという類似療法の原理と同時に、「反対のものは反対のものを制す」(contraria contrariis curentur)という逆症的療法の原理がみられる。しかし神がそもそも医療上の処方をすることは、ようやく後世になって出現した傾向である。もっともすでに古代において、アスクレピオスは医術の発生に関する「原因論的神話」で濫用されていた。それどころか、ヒッポクラテスの治療と薬に関する知識はコースにあるアスクレピオスの神殿療養所の記録から書き写したものだ、という主張さえなされていた。しかし今日知られているように、コースの聖殿はヒッポクラテスの死後になってようやく建てられたものである。もっとも、このことを必要とみなしたのは彼の弟子たちであり、すなわち彼らは全く合理的な医術を学んだ後で再び、神的な医者も頼みとすることが必要になってきたのである。

儀礼によって生じる治癒の秘儀をめぐって、アスクレピオスの聖地で時が経るにつれて形成されてきた象徴体系は、他の神秘的儀礼におけるそれに著しい類似を示している。例えば治癒は再生だとみなされていた。再生は神的な側面をもっている大地と関係がつくことによって引き起こされた。したがって全アスクレピオスの聖地において、デメーテルとゼウス・カタクトーニオス(地界のゼウス)が、アスクレピオスとその父アポロと共に崇拝された。多くの対立したものが、アスクレピオスの神話においても、また儀礼においても結びつけられた。アポロと彼の芸術である音楽と劇は、あらゆるアスクレピオスの聖地で傑出した役割を演じ、そのことから、この古代の療養所では「魂の治療」(cura animae)が営まれていたこと、治療の真の対象は「魂の儀礼」であることが認められていたにちがいないことがわかる。水、木、蛇、芸術、音楽、劇、それに夢という最高に個人的な体験において頂点をきわめる地界の儀式という一連の要素がかみ合っているならば、すでに奇跡的な効果の説明がかなりつくように筆者には思われる。いずれにせよそれらの聖地では、大学病院であれ、ルールド*訳注14であれ、今日のどこかの療養所で見られるのよりもはるかに多くのことが魂に提供されていた。その上四百二十以上にのぼる古代のアスクレピオスの聖地の中でも、エピダウロス、コース、ペルガモン、アテネなどの非常に有名なものは、すべて申し分ない景勝の地にあった。これはマクロコスモスとミクロコスモスの間に調和を作り出すための重要な要素と考えられる。すなわち、哲学的に見てこの調和はギリシア人にとって健康のための前提条件となっていたのである。これと同じ精神からして、古代において病気と貧困（penia）とは同じものであったことも理解されねばならない。これは今日我々が患者に、《Was fehlt Ihnen ?》（どこが悪いのですか、あなたには何が欠けているのですか）と尋ねるのと同じである。アスクレピオスの儀礼におけるたくさんのシンボルはこの貧困を、救済、健康、神聖、全体性——それらは語源的に近縁なことばだが——と同義である富（ploutos）に変えるのに役立ったということは、全く驚くに足らない。それどころか病気がその病気の薬になって、自分自身も患者だったこともあるけれども、神なので病気を克服することのできたアスクレピオスから薬として提供されたのである。つまりその神は治療の仕方を知って、神的なやり方で干渉してそれを他の患者に伝えることができたのである。

　これらすべての事実を目にとめておくならば、エピダウロスが嫉妬深く厳密な儀礼的伝統を気にかけ、他のアスクレピオスの聖地の創設をエピダウロスからの由来に従属させたことがわかる。つまりエピダウロスからどこかある新しい中心地への儀礼の伝達は、エピダウロスの蛇を一匹新設の聖地に運ぶことによってなされていたのである。このようにして一つの現象が不可能になった。これは医学や精神分析の各学派で残念ながらきわめて頻繁に見られることで、つまり個人的な威信に束縛された同僚たちが、自分の師匠が真の精神の唯一の代表者であり所有者であることを無益にも主張するのである。

インキュベーションは、開かれた心でギリシアを訪れるなら誰もがただちに気づくであろう何ものかの、ほんの一つの現れにすぎないように私には思われる。全土が今日もなお神話に満ち満ちており、古代の神々は相変わらず現前している。ギリシアの地図を片手に、パウサニアスの『ベデカー旅行案内書』（できればフレイザーの書でコメントされている版）をもう片手に持ちさえすれば、人間の魂の地理学を実際に目の前にしていることがすぐにわかるであろう。それはギリシア人のでも、西欧人のでもなく、ただ人間の魂の地理学なのである。この半島とそれに付随する諸島にわたって何百もの聖地があり、そのそれぞれが固有の神話、儀礼、儀礼伝説、神殿を持っている。それぞれの所で人間の基本的な問題の何か一つが、多様な仕方できわめて豊かに、また見事に扱われていて、救いをもたらしたのである。その時代に助けがいった場合には、どこに頼ったらよいかがはっきりと知られていた。つまりそこに行けば、問題に正確に対応した元型が儀礼に従って示され、成就されたのである。

なぜここで少し詳細にギリシア・ローマの伝統を取り上げるかは最初に示しておいた。この叙述を終えるにあたって、読者は心に留めておくに値すると思われるようなことを多く見出したに違いない、と期待してよいであろう。なんと言っても我々ヨーロッパ人は、古代ギリシア・ローマに根ざした文化の中に生きている。マクロビウスが非常に長い間影響を残したことを我々は確かめてきたけれども、彼の影響はその原典が失われている領域にも該当する。ただこの場合には伝統が無意識的に続いていくということだけが異なるけれども、このことによって、それの真髄は失われない。それゆえに例えばおもしろいことに、今日なお大いに一般の人気を集めている多くのいわゆる『エジプトの夢判断の本』は、夢の諸要素についての辞書を全くアルテミドルに基づいて作っており、『オネイロクリティカ』からのまさに逐語的翻訳であることもしばしばであることを、あれやこれやの本で確かめることができる。

伝統がしばしば全く無意識的に続いていくことに関して、ここで例を一つ挙げたい。ショーペンハウアーは次のように書いている。

しかしながら入眠時には、外界の印象が働きかけてこなくなり、感覚中枢における思考も次第に活発さを失うので、有機体の神経の内なる源から間接的な道を通って伝わってくるかすかな印象や、脳の血管を伝わる血液循環のわずかな変動が、黄昏とともにろうそくが輝き始めるのと同じように、感じられるようになってくる。あるいはそれは、昼の喧噪のために感じられなかったのに、夜になると泉がサラサラと流れているのが聞こえるのと同じである。覚醒下の活動中の脳に働きかけるにはあまりに弱すぎる諸印象は、脳自体の活動が停止した時に脳の個々の部分やその部分の表象能力のかすかな興奮を引き起こすことができる。それはあたかも、自分が弾き鳴らされている時には他の音を反響しないハープが、静かに立て掛けてある時には共鳴するのと同じである。さてこれが、入眠時にわき起こってくる幻影の生じる原因であり、その原因からしてわかる幻影の一般的で詳しい規定であるに違いない。それに反して深い眠りの際に精神の絶対的な休養から生じ、劇的な連関を持つ夢の発生原因にはこれはあまり当てはまらない。すなわち、夢は脳がすでに深い安らぎにあって全く自分の栄養補給に没頭している時に現れるので、そのためには内からの相当に強い刺激が必要とされるに違いないのである。それゆえに、いくつかの非常にまれな場合において、予言者的あるいは予言的意味を有しているのはこのような種類の夢だけであり、ホラティウスは全く正しくも次のように述べている。

《post mediam noctem, cum somnia vera.》[106]〔夜半過ぎに真なる夢が生じる。〕

これには、先述（八一ページ）のアリストテレスの見解についての要約を参照されたい。あまりに際立って見解が一致しているので、これは潜在記憶（このシリーズの第一巻参照）の例と考えたくなる。なぜならショーペンハウアーはいつもは必ず非常に良心的に出典を挙げるからである。

夢に関するギリシアのあまり有名でない理論家たちについて調べようとする者には、ダリウス・デル・コルノによる余す所のないコレクション[107]がきわめて重宝である。

4 古代後期、中世、ルネッサンス

夢についての学問上の議論は、もちろん古代後期においても途絶えなかった。それでも中世になると、我々のテーマに関連する著作はもはや見られなくなる。聖アウグスチヌスはなおも夢にかかずらわったけれども、彼の主たる関心は、神的な啓示としての夢と悪魔的な幻覚としての夢とを区別することにあった。十二世紀にサリスバリーのヨハネスがその書《polycraticus》[107a]で少し詳しく夢のことを扱った。アルベルトゥス・マグヌス（一一九三～一二八〇）は「神からの夢」と「自然の夢」を区別したにとどまり、その点では彼の弟子のトマス・アクィナス（一二二七～一二七四）も彼を踏襲し、ボベーのヴィンセンツ（一二五〇年）も同様であった。それからスペイン人のアルナルドゥス・ド・ヴィラノヴァ（一二三五～一三一二）においては、後代に身体刺激理論としてよく支持を集めた見解のおそらく最初の形のものが見られる。トマソ・カンパネラ（一五六八～一六三九）は、他のルネサンスの哲学者と同じく、夢を世界魂の作用に帰した。この時代には全く新プラトン主義的ないしはプロティノス的な方法がとられ、その際にイアムブリコスとプロクロスもよく論拠にあげられた。

しかし残念ながら、これらやまた多くの他の古代後期からルネッサンスにかけての時代の著者たちは、今までのところその夢に関する見地について研究されたことがなく、十六世紀から十八世紀にかけての時代についてのこの種の研究にはなおも重篤な空白がある。ルネサンスの非常に重要な学者における夢の役割に関しては、ジロラモ・カルダーノの自伝的な書《Somniorum Synesio rum》[*108]で見てとることができる。

5　ロマン派、近代

夢への関心が実のところきわめて目立って復活してきたのは、ロマン派による。最も顕著に夢を再評価し始めたのは、ノヴァーリス、ジャン・ポール、ヘルダー、ティークなどのロマン派詩人である。しかし十八世紀の哲学者も無意識や夢の顕現に新たな興味を見出した。おもしろいことにライプニッツ（一六四六～一七一六）は、この点についてさえ先駆者とみなされてさしつかえないであろう。彼の『モナドロジー』において「無意識」という概念が、我々の知っている限りでは初めて歴史の中に登場する。彼はそこで、「小知覚」、すなわちあまりに弱く多数なので我々が意識していない魂における変容について述べ、それを意識微分と名づけている。それは自分自身に対してのみ意識的なので、彼は「無感覚知覚」とも呼んでいる。この知覚は、感覚的な性質を持っていて、部分的になお錯綜しているイメージを生み出すのである。

カント（一七二四～一八〇四）は、『人間学』と『判断力批判』に「暗い諸表象の領野は非常に広い」ということばを残している。夢については、それが内的生命器官の不随意的な興奮に発しており、生命維持の力を有しており、「夢の伴わない眠りは存在しない」とみなしていたことがわかる。現代における睡眠と夢の研究がいかにこの結論に類似しているかを思い起こしてみるとよいだろう。

ここでなお、非常に興味深いにもかかわらず、あまりにも過小評価されているスイスの哲学者イグナッツ・パウル・ヴィタール・トロクスラー（一七八〇年ベロミュンスター生まれ、一八六六年ベルンにて死去）について言及したい。トロクスラー[*109]は医者であり（この議論における医者の役割に関してはすぐ後で立ち戻ってふれる）、哲学者としてはシェリングの弟子であった。他方シェリングに関しては、彼がノヴァーリスと親交があったことが知られている。トロクスラーは、例えば「目醒めは魂の夢である」というような、まさしくロマン派的な特性を帯びたアフォリズムを残している。エシェンマイヤー[*110]はトロクスラーの次のような文を引用している。「夢は覚醒と睡眠の根底である。覚醒は魂の夢であり、睡眠は体の夢である。夢は精神と身体の間の絶対的関係の表現であり、覚醒と睡眠は魂と体との間のただの相対的関係である。夢は人間に生まれつき備わっている根源的な基底であり、目醒めと眠りはそれからのただの変容である」。おわかりのように、ここにはニーチェの場合と同じような「一切の価値の転換」が見られる。

ヨハン・カール・フリートリッヒ・ローゼンクランツ（一八〇五〜一八七九）は『心理学、あるいは主観的精神の学』[*111]において、夢の問題をきわめて興味深く扱っている。ローゼンクランツはヘーゲルの弟子である。トロクスラーと同じように、彼も夢を睡眠と覚醒との統一体と考えていて、厳密に言うならば睡眠時における覚醒状態とみなしていた。つまり一つの存在が別の存在の中に入っていることになる。これを聞けば、レム睡眠（先述）の「逆説的な」特徴のことを思い起こさずにはいられない。さらにトロクスラーは、夢では精神（意識）の主観性が不確かな客観性に分解されると述べており、この考えはきわめて現代的なように私には思われる。なぜなら夢の客観化していく作用は、ユングの言う主観的段階での解釈へと至るのが全く論理的必然だからである。

ショーペンハウアーについてはすでに引用した。しかし『余録と補遺』には興味深い考えがなお多く認められる。例えば、夢は内的な器官的刺激（交感的な神経組織）から生じる、夢器官は外的刺激から独立した表象能力である、自我は夢の隠れた劇場支配人である（個人の運命における外見上の意図性に関しての超越論的思弁）、夢においては誰もがシェークスピアである、など。

すでにここで我々は、夢に対する責任という厄介な問いと、先述の主観的段階での解釈というユング派の原理とに直面する羽目になってしまっている。

若い方のフィヒテであり、有名なヨハン・ゴットリープ・フィヒテの息子であるJ・H・フィヒテ（一七九七～一八七九）は、その著『心理学』[*112]の殊に第一部と第三部の第三章において、ファンタジーと夢の議論に多くのページを割いている。そこで彼は、ファンタジーは夢を形成していく能力であり（シネシウス参照）、常に目醒めていて我々のうちで働いている、と説明している。夢の状態は意識状態よりも下等であるが、しかしまた予期もしなかった宝が前意識的な領域から夢へと立ち上ってくることができるので、より豊かでおもしろくもある。ここにおいても、ロマン派に特徴的な無意識を高く評価するという退行的な態度が見られる。

時代的にはこれに、すでにこのシリーズの第一巻で述べたグスタフ・テオドール・フェヒナーが続く。しかし彼は哲学的に見れば客観的観念論者であり、精神を物の「即自体」とみなしていた。彼にとってはあらゆる全体性や存在に魂が宿っているのである。フェヒナーが物理学者から自然哲学者、神秘家への変身をおそらく器質的と思われる失明の影響で行ったことを思い出しておきたい。[*訳注15] 彼にとって夢見る人は、自分のファンタジーを全く趣くままに任すことのでき、全く内的世界に沈み迷い込んでいる詩人なのである。

さて次に、ロマン派の医者と神学者が我々のテーマに関してどういう寄与をもたらすことができるかを見ていこう。彼らのうちではフランツ・アントン・メスメル（一七三四～一八一五）が世界的名声を獲得した。何しろ「動物磁気」を伴う彼の「磁気催眠」の方法は、全ヨーロッパでセンセーショナルなニュースとなったからである。科学性が疑わしいにもかかわらず、メスメルのせいで多くの評判のよい著者たちが真剣に睡眠と夢の現象に取り組むことになった。もっともこれは、人間の夜の側面、すなわち魂を強調するロマン派の傾向が下地を準備していたからであろう。

医者、自然科学者、神学者、であったゴットヒルフ・ハインリッヒ・フォン・シューベルト（一七八〇～一八六〇、エルランゲン）は魂の情熱的な告知者であり、その二つの主著『夢の象徴学』（一八一三年）と『夢の歴史』（一八三〇年）とで有名になった。彼はヘルダーとシェリングの弟子で、ゲーテとジャン・ポールの喝采を受けた。彼の方では、その影響をシュレーゲル兄弟、さらにクライストやE・T・A・ホフマンにまで及ぼした。彼自身はまた、メスメルの磁気催眠に興味を抱いた。今日でもなお彼の作品は読んで得るところが大きいが、ここでは我々のテーマに典型的な彼の二つのことばだけを引用したい。

1. 新しい生の萌芽は我々のうちにまどろんでおり、我々の夢の中に現れる。
2. 「我々の本質の夜の深み」、つまり夢は、顕微鏡で検査されねばならない。

当時高名な医者であったカール・グスタフ・カールス（一七八九～一八六九）は、多作な作家でもあり、ゲーテと親交があった。彼の著作の『プシケー』における「意識的な魂の生活を認識するための鍵は、無意識の領域にある」という文章はよく引用される。この本にはまた、次のようなことばも見られる。「我々の最内奥の精神的存在の全世界は意識なきものに基づいており、そこから立ち現れてきたものである」。彼の『人間の形態の象徴学』（一八五二年）は不当にも忘れられているけれども、今日の心身医学の真の先駆的仕事である。彼の『一八二九／一八三〇年の冬にドレンデンで行われた心理学についての講義』*113 からの以下のいくつかの引用で、カールスは夢の現象をいかなる観点から見ていたか、彼がいかに今日の認識に近いか、がわかるであろう。

つまり以前に魂の発達について考察した際に明らかになったように、意識のない状態と意識のある状態という主として二つの魂の状態を発達に関して区別せねばならず、後者はなおも世界意識と自己意識とに分かれている。さらに当時に述べたように、ある状態が別の状態に取って代わって、これらの状態が順々に現れてくるのではなく、より高級なものが、残存しているより低級なものの中に突然現れて展開していき、したがって魂は絶えず意識なきものと意識あるものという二重生活を営むのであれば、より自由に発達した魂がどのようにして、そしてまたなぜ、この両極の間をいわば夜と昼の生活のように動揺し、ある時は意識なき状態の提案に、ある時は意識ある状態の提案に固執するのかが理解できるであろう。*114

第十四講義でカールスは、睡眠を誕生前の生活における人間の意識なき原始的状態の反復として詳細に取り上げており、夢を一見したところ非存在に思われるものが存在し続けたものと考えて、夢を心理学の領域における最も奇妙な諸現象とみなしている。第十五講義で彼は夢を、意識なき状態の領域に戻った魂の内での意識の活動として扱っている。そこで彼は夢の三つの形式、すなわち、(a)意味のない夢、(b)予感的な夢、(c)予見的な夢、を区別している。後の二つについて彼は、それらが深遠な連関を告げ知らせていると説明している。そのような連関は自然と人類における全生命であり、それは内的な感覚が外に向けられる際に知覚され、正常な状態では全く気づかれていないのである。

当然のことながらロマン派は夢についての膨大な文献を生み出し、そのことはフロイト[*115]とフォン・ジーベンタール[*116]の文献一覧からも見てとれる。しかし、これらのすでに言及した著書の内容に補足してそれらから新しく学べることは何もないので、それらの寄与の中で特に有名なものをここでただ簡単に触れるだけにとどめておく。

神学者のフランツ・シュプリットゲルバーは一八六五年に『眠りと死』についての本を編集した。この際に思い起こしておきたいのは、ヒプノス（眠り）とタナトス（死）とは古代の神話では兄弟であり[*117]、この血族関係が現代人の入眠障害に背景で影響を及ぼしている場合がある、ということである。プルキンエ[*118]は、眠りを死の予行演習（thanatos tis promeletesis）、あるいはまた小さな死の秘儀（hypnos ta mikratou thanatou mysteria）と呼んでいるさるギリシアの金言詩人を引用している。この詩人とはムネシマコスである[*119]。周知のように、三月にアグライで催される「小密儀」は、九月のエレウシスの大密儀に参加するための前提条件であった。

哲学者のハインリッヒ・シュピッタは、一八七七年に『人間の魂の睡眠状態と夢状態』[*120]という本を出版し、その中で彼は、自己意識の不在を夢の本質的なモデレーターとして仮定している。

このグループの最後の著者として『眠りと夢』を著したパウル・ラーデシュトック[*121]に言及せねばならない。彼は著しく生理学的な立場をとるW・ヴントの学派の出身なので、「思考の中止」を夢の主たるモデレーターとして主張している。

この時代に関するより詳細なイメージをつかみたい読者は、フィリップ・レルシュ[*122]とアルベール・ベガン[*123]におけるこのテーマのまとまった評価を参照されたい。

6　近年の夢理論

イギリスの眼科医で神経学者であるジョン・ヒューリングス・ジャクソン[*124]（ロンドン、一八三四〜一九一一）は、オラ・アンダーソン[*125]が指摘しているように、心理＝生理学的連関に対する彼の自然科学的考察方法ですでにフロイトに強い影響を及ぼした。これは殊にブロイアー＝フロイトの除反応の理論に当てはまる。ジャクソンの著作は新版[*126]によって今日再び手に入りやすくなっており、その中でもとりわけ一八八四年のクローニアン・レクチャー『神経系の構築と解体について』[*127]が興味深い。大脳障害者の臨床的観察に基づいてジャクソンは中枢神経系の構築が階層的組織をなしていると推論し、心的機能の構築においても著しく同じことが生じていると考えた。この意味で彼は進歩的思考作用という原理を唱えるのである（チューリッヒの生理学者W・R・ヘスの研究と、近年の神経＝生理学的研究のデータによって、殊に原始的植物的機能に関してこの見解が裏づけられていることを述べておかねばならないであろう）。

さらにジャクソンは、精神病者におけるのと同じように夢においては、心的機能のより下位の構築水準への低下が生じ、それと同時に、まだ保たれている構築水準での正常な神経秩序の生理学的活動が高まる、と説明している。夢において生理学的活動の高まっているより下位の進化水準は、その水準に達している単純な刺激をさらに放散させる。ここで再びアリストテレスの見解が思い出される（先出）。心理学的に興味深いので、ここになお一節を逐語的に引用しておく。

> 我々は、我々がそうあらねばならないように、すなわち遺伝に従って発達し、また我々がそうありうる

ように、すなわち外的条件に従って発達する。しかし何かそれ以上のもの、私ならば内的進化と呼ぶ、最高中枢において最も活発に進行する過程がある。最高中枢における過程が非常に優越しているために、人間は下等な動物と大いに異なっている。我々は無数の様々な考えを獲得する。つまり、環境と実際にかかわっている間に、我々の身体の側で、最高中枢における多くの様々な神経配置が組織化されるのである。夢や『反省』の際のように、現実とのこのかかわりが停止すると、最高感覚中枢の偽似自発的なかすかな活動は環境によって妨げられず、最高中枢は環境から低位や中位の感覚中枢によって守られている。その結果として、環境への反応は生じず、最高運動中枢は中位や低位の中枢の抵抗を受ける。このような場合（睡眠、空想、反省、等）、全く新しい組織化の生じうる最高中枢におけるまさに最高の神経配置はほとんど活動していないので、そのすぐ下の中枢がよりよく活動していることになろう。最高中枢の神経配置、あるいはそのいくつかの要素は、『それらの間で戦って決着をつけるようにされている』ので、適者生存として新しい組み合わせが生じる。はかないけれども明らかに新しい組み合わせが夢において作られる。しかし私は、永続する再配置（内的進化）はいわゆる夢のない睡眠中に形成されることを主張する。[*128]

同じように、ピエール・ジャネー（一八五九～一九四七、パリ）は心的水準という考えを用いた。これに関する彼の仕事はユングにとって非常に実り豊かなものとなり、殊にそのコンプレックス理論に大いに寄与した。ジャネーは彼のモノグラフ『ヒステリーの心的状態』[*129]において初めて「心的水準」という考えを導入した。彼によればこの水準の高さは情動的な興奮に負の相関を示し、したがって強い情動に際しては「心的水準の低下」が生じる。後の論文[*130]においてジャネーは「心的水準」というあいまいな表現に代わって「心理的緊張」といういくらかより明確なことばを用いている。彼の述べていることは全く臨床的な観察に基づいており、その際ジャクソンと対照的に、中枢神経系における局所論的問題は彼の興味をひかなかった。彼の意図するところは、以下の二つの引用で十分明らかになるであろう。

この奇妙な観察を要約するなら、我々はある情動の影響下での全精神における著しい変容を確かめることができたと言えよう。情動の性質についての現代における議論に直面して、これらの変化や情動の発展を確認しえたのは興味深いことであった。長い間支配的であった理論は、情動の本質的現象として内臓の興奮を仮定していた。おそらく最初にそのような興奮が存在したのであるけれども、それはあまり著しくなく、長く続かないというのである。その他にも、痙攣、錯乱などの多くの筋肉や精神の興奮の現象が認められる。しかしこれらすべての動揺を支配している主要なものは、心的水準の低下であり、意志、注意、個人的同化などのすべての高等な活動の減退なのである。*131

心理的緊張の低下という概念は、睡眠中の精神状態に与えうる最もよい要約の一つである。*132

例えばデプレッション、興奮、不完全感、などの一連の多かれ少なかれ異常な心的状態はこの観点から見ることが実際に可能である。自動症の出現もこの見地から位置づけることができるけれども、これはむしろジャネーの別の水準理論に添って「下位適応機能」（上位機能に対して）が優勢であることに帰することができよう。一般的に言えば、ジャネーの理論はある特別な形のリビドー理論であり、それはユングの考え方と多少の接点を持っている。ユングの理論については別の個所で述べるであろう。

ジャネーの見解に従えば睡眠は、規則的で、リズミカルに、正常に現れる「心的水準」の下降的振動となるのである。

第四章　C・G・ユングのコンプレックス心理学における夢

1　コンプレックス理論と夢

ユングによるコンプレックスの発見と実験的研究のおかげで、全精神分析的学派が全く決定的な支持を受け、実際のところ当時はただこれによってのみ学術的な心理学と精神医学とに受け入れられたのである。このように断言しうるための歴史的基礎については、このシリーズの第一巻で詳しく述べておいた。また夢理論にとってもコンプレックスの理論はきわめて実り豊かなものであることが判明した。この連関では、すでに（五八ページ以下）述べたことや、このシリーズ第一巻の殊に一四四ページ以下と二一〇ページ以下*訳注16（原書）を参照されたい。それゆえここでは、特殊コンプレックス理論と一般コンプレックス理論のもたらしたものを簡単に繰り返して述べるだけにしておく。

いわゆる「感情に色づけられたコンプレックス」は、それをもつ人の心的体系の内で一種の特別な存在の仕方をしている心的内容である。つまりそれは全体の体系から分裂しており、あるいはまた当時の言い方で言えば「かっこに入れられて」いるのである。コンプレックスは肯定的意味においても否定的意味においても、常に「感情に色づけられて」おり、そしてまさにこの感情的色あいのゆえに意識とかなり両立しがたいものになっている。この非両立性の結果、それは心的構造から分離されたままになっており、自立的になる。すなわちそれは、殊に混乱や強迫などの形で意志に逆らって現れる。コンプレックスはあたかも生物であるかのように、他の内容を同化し、それによって増大するという特徴を持っている。もちろん同化された内容はコンプレックスの中核要素と何らかの連想的関係がある。その同化性質のために、病的な場合には、コンプレックスがその主人の部分的人格の大きさにまでなることもある。そうすると人格分裂とか部分人格とかいうことが云々されるのである。小規模にはこれは健康な人にも当てはまり、健康人でもいわば自分の引き出しを持っていて、その中の内容は互いにほとんど関係がない（仕切り心理学《コンパートメント》）。ユングはこれに関して、あるイギリスの牧師のことを物語るのが常であった。彼は献金箱泥棒であると宣告を受けたにもかかわらず、「けれども牧師とは盗みをしないものだ」[*133]と語って否認したのである。そのような部分人格は実験的にも確かめられており、例えばモートン・プリンスは、ある被験者において、互いに非常に異なる、お互いに知らない部分人格を、四つまで引き起こすことに成功した。これは、あらゆる人間は多数の魂を持っているという未開人の考え方を思い起こさせる。その考えによれば、多くの魂のうち一つがなくなる、というのは生じやすい事態である。それは「魂喪失」と呼ばれており、我々の言うデプレッションにほぼ相応している。このような状態に対して未開人がいかなる種類の治療を知っているかを調べてみるのは興味深いことである。失われた魂は再び捕まえられねばならない。このために呪医は鳥捕りに出かける。――魂が鳥なのはギリシアにおいてのみでない。彼がかごを鳥でいっぱいにして戻ると、患者は地面に横たえられ、穀物の種子が彼の頭から約二メートルの長さの線をなしてまかれ、その端に鳥が放される。そのうちの一匹が穀粒をついばみ取り始め、そしてゆっくりと患者の頭にまで至る。もちろんそれは患者の魂の鳥とみなされる。最後の穀粒は患者の頭頂にあり、それがついばまれたなら、鳥が患者の中に「戻って来て」、それによって彼を癒した、とみなされるのである。

同じく一般的コンプレックス理論に照らしてみて、統合失調症者の「声」や、例えば妖精、緑の人々、ハインツュル小僧などの外に投影された多くの自律的な存在も考察してみてよいであろう。コンプレックスが自動的に引き起こす投影によって、状況や対象が異端者であるかのようにさえ見えてくる。そのような「無生物の悪意」の例はF・Th・ヴィシャーの小説『また一人』[*訳注17]に見られる。コンプレックスは個人間で伝染的に作用し、その現象は殊に家族の成員間で見られ、それに伴って現れる激しい情動の爆発によって多くの家庭を破壊してきた。コンプレックスがさらに材料を取り入れてあまりにも巨大化したので、その担い手の自我さえもコンプレックスに同化されるようになると、人格変容、すなわちコンプレックスとの同一化が生じる。その臨床的現れは、比較的無害な神経症から「憑依」にまで及んでいる（その例は、オルダス・ハックスリーの著書『ルーダンの悪魔たち』に見られる）。これらすべての衝撃的な働きを考慮すれば、これは「単なるコンプレックス」の仕業だ、と婉曲的に言ってごまかすのが通例になってしまっているのもわかるけれども、この態度を推奨することはできない。なぜならコンプレックスは有機体における危険な異物（corpus alienum）にとどまり続け、間断なく作用を及ぼすからである。したがって、何らかの外的ないし内的な「コンプレックス刺激」によって興奮させられると、コンプレックスは不快な記憶障害を引き起こす。そのような働きに特徴的なことだが、それは全く対照的な形で現れうる。つまり、例えば単なる健忘という形であったり、ある表象がしつこく固執する強迫という形であったりする。情動によって生じる周知の身体的随伴現象もこのような両価性を帯びており、同じコンプレックス刺激によって赤面する時もあれば顔面蒼白になる時もあり、冷汗が流れる時もあれば身の毛がよだつ時もある。コンプレックスの多種多様な身体的随伴現象とその情動については、このシリーズの第一巻で詳しく述べておいた。それに関して多くの比喩があり、それは殊に夢の言葉に当てはまる、ということだけを思い起こしておきたい。ここではただ、ここでは「誰かが言葉を妨げられる（口もきけなくなる）」、「息がなくなる（ひどく驚く）」、「心臓（胸）が高鳴る」、「心臓が止まる」、「心臓が破れる（悲嘆にくれる）」、「つばがなくなる（びっくりして物が言えなくなる）」、「怒りで口から泡を吹く」、「胃がもたれる（気が重たい）」、「消化しにくい」、「ヘドが出そう」、「食べてしまいたいほど好き」、「胆汁があふれる（かんしゃくを起こす）」、「何か肝臓の上をはっている（虫の居所が悪い）」など、その他多くのそのような比喩を思い出していただきたい。

すでに触れたオルダス・ハックスリーは、この種の身体的影響の事例を非常に適切に描写しているので、ここでその個所を引用しておきたい。

その不思議な経歴において、サーリンは交互に窒息させられそうになったり解き放たれたり、息詰まるような暗闇に閉じ込められたり太陽の上の山頂に運ばれたりした。そして彼の肺は彼の魂の状態を反映した――魂が息詰まりそうな時には痙攣を起こし、固くなり、魂が生きている時には広がった。窮屈な、緊張した、縮んだ、という言葉と、それらの反対語の膨らんだものは、サーリンの著作に何度も繰り返し現れる。それは彼の経験の主要な事実――緊張と解放、自分より小さなものへの縮小とより豊かな生命への解放という二つの極端なものの間の激しい動揺――を表現している。*134

その偉大な発見（一九〇四年）のちょうど三十年後になって初めて（一九三四年）、ユングは夢研究に対するコンプレックスの意義をある論文[*135]で扱った。もっとも当然のことながら彼は、そこで公にした知識を実際的にはすでに早くから用いていたけれども。そこでユングの述べている重要な推論は、コンプレックスは夢に人格化されて現れる、ということである。つまり夢の中ではコンプレックスはその本質と働きをいわば演じて、「劇的な」形で示すので、夢はコンプレックスの自己描写なのである。覚醒状態では意識的自我が受けもっている活動も、夢の中ではしばしばコンプレックスが引き受ける。こうしてコンプレックスはある種の自我的なものを持つようになるので、たとえ部分的なものにしろ、独自の意識がコンプレックスにあるとみなしていいのかどうか、という問いが生じてくる。ここから、夢に対する責任という非常に厄介な問いをも含んだ自我の自由という大きな問題が持ち上がる（先述のショーペンハウアーからの二つの引用と、すでに聖アウグスチヌスがこの問題と格闘していたことを思い出していただきたい）。しかしこれについては後で話題にすることにする。

夢理論に対するコンプレックス理論の重要性に関するユングの見解を、なお少し詳細に述べてみよう。図3における直線S—S'は意識閾を表し、その上では意識性が支配していて、その下にあるものはすべて無意識に属しているとしよう。無意識にはコンプレックスが存在しており、そのうちのあるものは意識閾の近くに、あるものはより深いところに位置している。さらにはS—S'は同時に時間軸も意味しているとして、a時点に外からあるコンプレックス刺激が与えられたと仮定しよう。すなわち、例えばコンプレックス刺激語などによってコンプレックスは刺激され、化学用語で言うならいわばイオン化され、「電気的に」活発になる。さて実験的、臨床的経験によれば、秒単位の潜時の後で意識閾S—S'が沈み、それによってコンプレックスが意識の範囲に位置するようになるのである（ここでジャネーの心的水準の動揺や、このシリーズの第一巻での詳述を思い出していただきたい）。

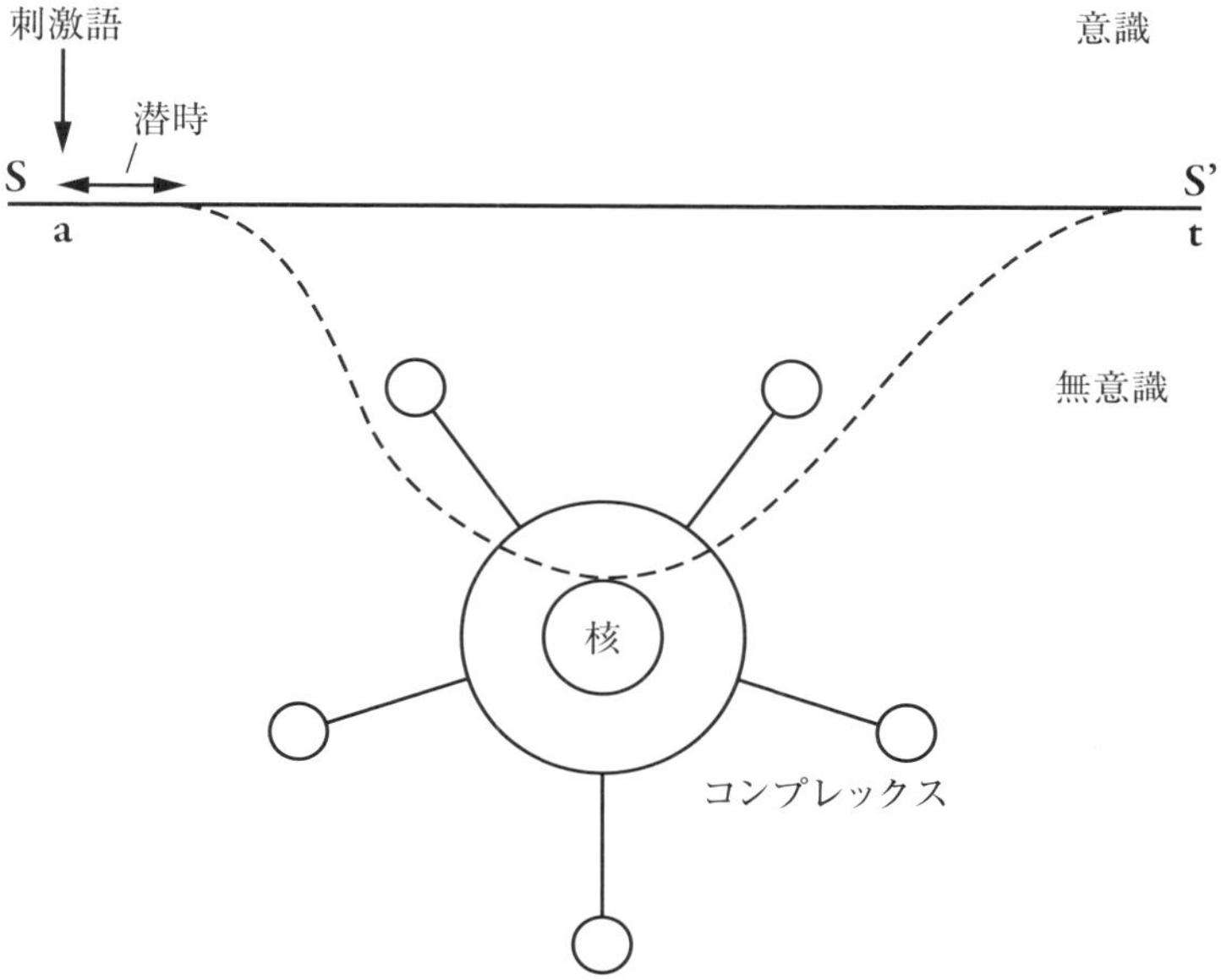

図３

図３の説明として、同心円の小さい方はコンプレックスのいわゆる中核要素を表し、同じ中心を持つ大円はコンプレックスの実際の活動範囲を示す、ということをなお述べておかねばならない。後者は時を経るにつれて類似した感情的色あいを帯びた多くの別の素材を同化しているので、中核よりも著しく大きい。衛星の円は、より遠くの、一時的にただゆるくコンプレックスに連合している内容を示している。妨げられずに成長を続ける機会がコンプレックスに与えられたなら、辺縁の内容はコンプレックスの外殻と混ざってしまい、同化されてしまうのである。

一時的な「心的水準の低下」によって生じる状態は常に情動的な調子を帯びており、殊にこのせいで残響が残る。すなわちこの情動のせいでその他のコンプレックスの作用が長く続き、身体的随伴現象が引き起こされるのである。

コンプレックスの作用に関するこれまでの詳説から、夢の像はコンプレックスの人格化であるとするユングの見解もさらにわかりやすくなったであろう。なぜなら、ここで連想実験においてコンプレックスが刺激された結果として見たことが、夢においては正常なこととして生じるのである。この自然な無意識の状態においてはS—S'の水準が生理的に沈み、その結果コンプレックスが表面に現れ、人格化された形で劇的に活動するのである。

2 夢の劇的構造

コンプレックス理論に基づく右の結論からの全く当然の帰結として、ユングは夢を「内的ドラマ」として理解することをさらに勧める。この見方は実際上きわめて有用なことが証明された。そうすれば夢の構造と経過は劇の構造、しかも古代から伝承された形のそれと類似していることになるであろう。ショーペンハウアーがあらゆる夢見る人をシェークスピアと呼び、その夢の「劇場支配人」とみなしていたことが思い出される。夢は詩と劇の根源であるとするロマン派の見解もこれに属する。ユングがこのような考え方について書いたのはやっと一九四五年になってからであるが、[*136] すでに彼はこの考え方を二十年以上も用いていた。

古典劇の構造がほぼ以下のような様子であると仮定してみよう。

1. 場所、時代、登場人物の表示。
2. 提示部（desis）、すなわち出発状況、紛糾、「筋のもつれ」。
3. 急転（krisis＝決定）、あるいは最高頂、劇的頂点、決定的事件、変転の描写（場合によっては破局）。
4. 大詰め（lysis＝解決）、意味ある結末、結果。

ここで、ユングが先に触れた論文でこの図式に従って区分している一つの夢を次に示す。

1. 私はある簡素な家に一人の百姓女と一緒にいる。
2. 私は彼女にライプチッヒへの長旅のことを物語る。
3. 地平線に巨大なかにが現れ、それは古代は虫類でもあり、いわばそのはさみで私を捕える。
4. 奇跡的にも私は手に小さな占い棒を持っていて、それで怪物の頭にさわる。怪物は死んでバラバラになる。

これは偶然の一致であるという印象が生じないように、さらにユングの挙げている第二の例[*137]を再掲する。

1. 私は通りにいる。それは並木路である。
2. 遠くに急に一台の車が現れ、急速に近づいてくる。車は変に危なっかしく走っており、やっぱり運転手が酔っぱらっているのだろうと私は思う。
3. 突然私が車の中にいることになり、見受けるところ私自身がこの酔った運転手らしい。私は酔ってはいないのだけれども、奇妙におぼつかなく統制がとれない。激しく突っ走っている車を私はもはや持ちこたえられず、ガシャンと壁にぶつかる。
4. 車の前部がぐしゃぐしゃになっているのを私は見ている。それは私の知らない別の車である。私自身は怪我をしていない。いくらか心配になって私は自分の責任について反省する。

第三の例として、我々のうつ病の患者（一二一～一二三ページ）の初回夢がいかにこの図式に適合しているかをなお見ておきたい。

1. 私は鱒釣りをしていた。それは普通の川や湖でなくて、様々の小部分に仕切られてある貯水池であった。
2. 私は普通の釣道具（ハエなど）で釣っていた。私は全然運に恵まれなかった。
3. じっとしていられないほどいらいらさせられたので、私はそこにあった三叉の矛を手に取った。
4. そしてすぐさま見事な魚を突き刺した。

もちろんのことながら、見受けるところこの図式に当てはまらない夢もある。しかし筆者個人としては、ユングのこの提案を受け継いで以来、これに当てはまらない例外に遭遇したのは驚くほど少なかった、と言っておかねばならない（後でなお、そのような「例外」について立ち戻るであろう。一九九ページ）。いずれにしろ筆者個人の経験においてや、多くのセミナーにおいて、この図式は何度も確かめられてきたのである。

ユングによるこの興味深い提案を、なおその深い意義に関してまで調べておくのは有益なことであろう。

いずれにしろ第一に前提にされていることは、夢が最初と終わりを持つ全体である、ということである。全体をこのように定義することで、我々はアリストテレスの考えに従っている。彼は『詩学』（VII、3）において、完全な行為（teleias praxeos）が最初、中間、終わりという三つの構成要素をもつことを求めている（to echon archen kai meson kai teleuten）。

ユングによれば、夢においてはさらに葛藤の表示とその解決（lysis＝解放、救出）が演じられる（drama）ことになる。夢における葛藤提示と解決とがそんなに首尾一貫して経過するとすれば、この洞察から非常に興味深い別な精神科学的問題が生じるであろう。例えば、本当の劇の図式は人間の心に内在している何か機能的な原型（行動のパターン）なのであろうか、と自問してみることもできよう。これには元型的構造が関係しているのであろうが、それについてはこのシリーズの第四巻で、初めてより詳しいことが述べられるであろう。もしも心の中の構造が関連しているとすれば、すでにロマン派がみなしていたように、劇はその根源を夢にもつことになろう。

　夢は葛藤解決を、古代劇と同じように、神の助けを持ち込む（deus ex machina）という形で行う時がある。この節で一つめに挙げた夢で、そうしたことが占い棒の形で現れていることは明らかなように思われる。同じく我々の患者（一二一～一二三ページ）の初回夢における三叉の矛がこれの文字どおりの例であろう。しかし我々はこの点を不条理であるとみなすつもりはない。古代における夢についての見解を思い起こしてみるなら、悪名高い神の干渉は、夢が神から送られてくることによって必然的に生じるのであり、夢の予見的性質もこのことに基づいているのである。

　臨床精神医学的な経験に接している者なら誰しも、いかに際限もなく、患者が自分のコンプレックスのおもちゃになって翻弄されているか、ということに深く印象づけられずにはいられないであろう。その結果コンプレックスが患者と共にまさに運命を演じるまでに至っている。なぜならそのようなケースの多くにおいて、問題は家族や世代を貫いて続いているからである。それゆえに、古代悲劇への類推を避けられないことが往々にしてある。例えばアトリーデンの呪いを思い起こしていただきたい。しかしこれを宿命論の意味で述べているつもりはなく、夢で劇的に活躍するコンプレックスの人格化をこのような背景からも見てみることを勧めたかっただけである。我々はそのような夢から目醒めて、ほっとして確かめることがいかに多くあることか。よかった、ただの夢だったのか、と。

すでにニーチェ[138]は、最古の劇がおそらく奇跡劇であったろうことに注意を促している。奇跡劇とは常に、模範的性質を持ち、それゆえに「治療的神話」となったある神話的な出来事を演じることである。したがって我々の観点からすれば、奇跡劇を通じて、コンプレックスに対して有利にふるまうにはどうしたらよいか、が示されることになろう。ゆえに夢をこのような解決作用から考察するのも場合によれば役立つであろう。夢において以前の人類の課題がもう一度やり遂げられるというニーチェの主張[139]も、この観点から理解してよいであろう。何しろそのような夜の「内的ドラマ」においては、必要な変更は加えられていてもあらゆる時代を通じて変わらない典型的に人間的な状況が問題となっているのであるから。もちろんニーチェのこの主張は、すでに普遍的無意識というユングの理論への端緒を含んでいるけれども、それについてはこのシリーズの第四巻で述べることにする。

まだこの連関で特に取り扱っておかねばならないのは、すでに言及した（第二章の４）夢自体の現実性の問題である。

夢の劇的構造との文脈で、我々は必然的にアリストテレスの『詩学』にゆきあたる。ユングにならって、そこから我々は劇の構成についての図式を借りさえしたのである。『政治学』[140]においてもアリストテレスは、私がすでにスイス工科大学での就任公開講義[141]で取り扱った劇の有効性の問題を論じている。その重要な個所をここで掲げておくのが適切であろう。

> 悲劇は憐憫と恐怖とを引き起こすことにより、そのような情動的興奮を軽くして解き放つようにさせる。
>
> （アリストテレス、『詩学』、VI.2、ベルナイス訳）

ここでベルナイスは、pathemaを「情動的興奮」、katharsisを「軽くする解き放ち」と訳しており、この訳は正しいと思われる。

似たような表象はすでにプラトンの詳述（『法律』、七九一）の根底にある。劇の上演がカタルシス的に作用するかどうか、あるいは誰に作用するかという問いについては非常に多くのことが書かれ論じられてきた。レッシング（『演劇論』の第七十七番目）とゲーテ（とりわけツェルターとの往復書簡）のことを考えてみさえすればよい。書く人の気質に従って、カタルシス作用は認められたり、否定されたりした。なぜなら、誰が先述のアリストテレスのことばを正しく読んでいるのかを確かめるのは難しいからである。いずれにしろ論議はなかなか途切れない。例えばアドルフ・シュタール*[142]とアドルフ・ジルベルシュタイン*[143]とがこの議論にかかわっていた。それから、厳密に文献学的かつ比較的論証に基づいておそらくは正しいであろう見解を出したベルナイス*[144]の業績がある。彼の見解によれば、アリストテレスのカタルシスにおいてはiatreia、すなわち本来は医学的な概念が扱われていたのである。つまり劇の上演を共に体験することは、観客が自分の「重苦しさ」を厄介払いすることを可能にしたに違いない。なぜなら、それは観客が情動の爆発を起こすようにさせるから。「燃えやすいものが近づくと火が燃え上がるように、悲しく恐ろしい出来事から構成された悲劇的行為は、同情と恐怖とに敏感な、すなわち自然に即した心情を持つ観客すべてに、これらの情動の爆発を引き起こす」*[145]。「カタルシスとは、身体的なものから心情的なものへと転義された行為の名称である。カタルシスにおいては、重苦しく感じている者は自分にかかっている重圧を変えたり抑圧したりしようとはせずに、それを逆に刺激し、かき立てることによって楽になろうとする」*[146]

したがって我々の言葉で言えば、行為によって興奮させられたコンプレックスの解放が問題になっているのであり、アリストテレスではそのうちのeleosとphobos、憐憫と恐怖とだけが扱われている。おわかりのように、ここでもまた一種の類似療法が行われている。[*147] すでにミルトン（サムソン、アゴニステス）が、以下のように書き著してこの点をはっきりと指摘している。

悲劇とはアリストテレスによれば、憐憫、恐れ、恐怖を引き起こすことによって、心からこれらやその他の激情を一掃する力であるとされている。すなわち、これらの激情をうまく模倣された形で読んだり見たりすることでかき立てられる、一種の喜びのような感情にまでこれらを弱め和らげるのである。そしてまた自然にも、アリストテレスの主張を証明するような働きが見られる。なぜなら薬においても、メランコリーに対してはメランコリックな色あい、性質のものが、酸性のものに対しては酸性のものが、塩分の多い体液に対しては塩が、用いられたからである。[*148]

この連関でベルナイスは聖アウグスチヌス（『告白』、III、２）に言及して、それを以下のように訳している。

……私は喜んで苦しみに満ちたひもで縛りつけられ、妬み、疑い、怒り、いさかいなどの燃えるような鉄の笞にしごかれる身となったのです。そういう折りに私は舞台に夢中になってしまいました。舞台は私のみじめな姿と、情火とに満ちています。劇では人間は、悲しく悲劇的なものを見て痛みを感じとろうとしますが、自分自身がそういう目に遭おうとはしません。これはどうしたわけでしょうか。それでも観客は悲劇の痛みを被りたがり、まさにその痛みが彼らの快楽なのです。これこそはあわれむべき狂気ではないでしょうか。なぜなら自分自身このような衝動に病んでいる人ほど強い感動を受けるからです。もっとも、自分がそれを被る場合には悲しみと呼ばれ、他の人のを分かち合う場合には同情と呼ばれるのが常ですが。しかし舞台上の虚構を見て起こす同情とはいったい何なのでしょう。観客は助けをさしのべるように呼びかけられるのでなく、苦悩するために招かれています。苦しみが大きければ大きいほど、役者への喝采も大きいのです。とっくに昔のものであれ虚構のものであれ、演じられる悲運が観客を少しも悲しませない場合には、観客は飽きて不平を言いながら出ていってしまいます。しかし悲しませると観客は耳を傾けて座り続け、涙が流れているのに喜ぶのです。ですから人々は痛みをも愛するのでしょうか。しかしきっと誰もが喜びを望んでいます。それとも、苦しむことを望むものは誰もいないけれども同情するのは好きなのでしょうか。なぜなら同情は痛みなしにはありえないからで、この場合にのみ痛みが好まれるからでしょうか。

これもあの献身的な人間愛の泉から湧き出るのです。

しかし熱狂的な劇場の興奮によって——信心のことに戻りつつアウグスチヌスがこれに続けて述べてあるのによれば——この献身的感情はにえくりかえる瀝青《れきせい》の滝（torrentem picis bullientis）、恐ろしく熱い欲情（aestus immanes tetrarum libidinum）等となって流れ落ちるのである。[*149]

観客において呼び起こされた「情念《パトス》」にはある種の忘我、熱狂の性質があるとベルナイスが推論しているのは、疑いもなく正しい。その熱狂は対象を伴っていないので全く主観的段階（後を見よ）にとどまっていて、我々の言い方では「投影を断念して」いることになろう。ゆえに、神にとらえられ、心を打たれることは、劇の出来事を共に体験することの直接的な効果となろう。周知のようにアリストテレスによれば、これは観客が劇の主人公たちと同じような気持ち（homoioi）を感じることによって可能になるとされている。したがってその場合、ある特別な形の同一視が問題となるのであろう。夢に適用されるならそのことはまた「主観的段階」での理解と同じになる。エウリピデスの『メディア』の上演に際して、女たちには分娩が始まり、男たちは大声をあげて痙攣を起こした、という有名な例は、ギリシアの観衆が冷たい心で紳士気どりで見物していたのでないことをいずれにしろはっきりと物語っている。

結局のところ、アリストテレスによる劇のカタルシス理論は、夢に置き換えれば興味深い問題を出している、という印象を受ける。その場合に、夢を見ている人は自分の夢の唯一の観客として、自分のコンプレックス的な行動様式をその都度ぶちまけて、それに「締めつけられていること」（ベルナイスによれば締めつけられている重苦しさ）から解放される機会を得ることになろう。このように見れば実際に夢は、すでにしばしば主張してきたように、類似治療的な機能そのものを有していることになる。すでに（第二章の4）述べたように、断夢の実験はこの見解を立証しているように思われる。夢を全くの自然の戯れとして説明し、芸術のための芸術というような立場から夢の重要性を拒むということは、おそらく通用しない考え方なのであろう。しかし他方ではまた、夢が記憶されていない時でさえも、この直接的な作用は夢の唯一の機能として理解されている、との印象も持ってほしくない。解かれていない夢は読まれていない手紙に等しい、と述べているラビのヒスダに[*150]、我々は全く同意するものである。ついでに述べておくと、例えば夢を見ている人を突然に目醒めさせたりすることによって、それ自体すでにこのカタルシス作用を越えている夢は十分に存在する。この場合には、そのような夢が劇の図式に従っており、解決部分をもっているかどうか、あるいは解決が認められないかどうか、をはっきりしておくのがおもしろい。解決部分が欠けている場合には、覚醒それ自体が解決であろう、という補助仮説が登場することとなる。そうすればこれは、当該の問題はその解決を無意識に見出せず、そのためにはむしろ覚醒した意識が必要で、ゆえに夢を見た人がこの状態でいわばショックを受けたに違いない、と比較的無理なく解釈することができよう。

これらすべての考察は、次に述べるユング的な夢理解の別な重要な点へと導いていく。

3　客観的段階と主観的段階での解釈

「夢の隠れた劇場支配人としての自我」というショーペンハウアーの見解は、道徳的にみて極端な主張を含んでいる。劇場支配人は上演番組、プログラムに責任があるけれども、それは夢に関しては簡単に認められないことである。それでも、もし「秘かに」責任があったならどうであろうか。そしてもしアリストテレスの言うように、我々が夢劇場における俳優と「親類」だと思いこめるならどうであろうか。あるいはユング的な表現を用いるならば、もし全体が「我々の」コンプレックスが劇として演じているものならばどうであろうか。したがって、「自分のしたこと」(mea res agitur) を全く真剣に受けとめるなら、我々は夜間にも責任があり、それゆえに夢の道徳的意義は膨大になるということに帰するように思われる。問題はもちろん、そこまで押しすすめることができ、あるいはしてもよいか、ということである。

これについては、ショーペンハウアーの定式が徹底的に考察されねばならない。自我は意識の中心として定義することができる（このシリーズの第三巻を見よ）。他方において夢は、著しく無意識的な産物として説明されており、ショーペンハウアーの説は今日の心理学から見れば矛盾していることになろう。しかしフロイトは、夢は「抑圧された内容」を生み出すことが圧倒的に多い、と指摘しており、その際当然のことながら自我が抑圧する審級となり、したがって「隠れた劇場支配人」となる。「隠れた《ハイムリッヒ》」はここでは「間接的」という意味だが、しかしそれでも第一次的なのである。自分の夢の責任を問われないということで神に感謝した聖アウグスチヌスの安堵の叫びに同意できることを我々は望んでいたが、今やこれが通用しないことがすでにわかってしまった。そうすると、夢は「ゴミの除去」に「すぎない」とする安っぽいコンピューター科学的な逃げ道しかないことになろう。「高度に構造化された」夢に対してもこの見解をずうずうしくも維持する者は、遅くともここで最終的にこの本を手放して置かねばならないだろう。なぜならそのような人はきっと決して「自分独自のシェークスピア」になりえないから。

フロイト以来、夢の登場人物の解釈に際して、その登場人物をそれによって体現された客観的な人物に関係づけたり、それから派生させたりすることが圧倒的に多いように思われる。したがって、例えば私が自分の父や母を夢に見たのならば、これが私の個人的な父、すなわちXY氏、あるいは私の本当の母であるXY夫人に関係している、とみなすのである。これはさしあたりすぐ思いつく類推であり、ユングはこれを客観的段階での解釈と呼んでいる。

しかし、この例にとどまるとして、次のようなことがしばしば明らかになる。

(a) 夢の中のXY氏や夫人が、現実の客観的な姿に実際にはふさわしくない特徴を帯びていることがある。すると例えば、「それは私の父でありながら、かつまたそうでない」とか、「その人は、私の父が持っていない種類の帽子をかぶっている」ということになる。

(b) 知っている人にどうしても関係づけることができず、夢に現れている性質や行為がどうしても誰のものか突き止められない(「投影」できない、と言えよう)人物が夢に登場することがある。

さて、このような現象のせいでユングは、そのような場合には「客観的段階」での把握をさっさと断念し、相当する内容を自分自身のもとで捜すようにと提案することになった。これが「主観的段階」での解釈である。これに対しては、場合によっては当然のことながら激しい抵抗が生じるであろう。そのような夢の登場人物が、夢を見ている人の意識的な行動や態度からして全く同調できないことや、あるいはそれどころか、道徳的にひんしゅくを買うようなことをしたり、そのような性質を帯びていたりすることがありうる、ということを思い起こしていただきたい。その人に、「汝のなしたこと」（tua res agitur）を受け入れるように要求することは、あまりに申しわけないし、それどころかほとんど不可能であろう。しかし、私からではないのなら、夢はいったいどこから来るのであろう。《somnia a Deomissa》（神から送られた夢）という敬虔な確信もこのジレンマの助けにならない。なぜならば、たとえそうであっても、あるいはまさにそれゆえに、対決が仮借のないものになるからである。万一、自尊心を満足させてくれるような夢を見たのなら、我々は必ず《j'ai fait ce rêve》（私はこの夢をみた〔作った〕）と喜んで言うだろうけれども、逆の場合には我々はむしろアリバイを捜すのである。夢の主観的段階での解釈は、あまり大きな人気を享受しないであろうことがわかる。なぜならそれは、自分の個人的な問題を真剣に受けとめるように強いるからで、それは誰もができることではない。しかしまさにこれゆえに、主観的段階での解釈こそ本当に真剣な心理学的態度であり、いいかげんな妥協をもはや許さず、原始的な性質の「投影心理学」をすっかり一掃することになると言えるのである。

　しかし、実際においては、客観的段階での解釈と主観的段階での解釈との区別は必ずしも容易でない、という事実にふれずにおくわけにいかない。区別するためには、ただいくつかの近似と、手仕事的規則があるだけである。なぜなら、自分の夢の登場人物の一人によって示された何らかの特徴が、どれだけ自分自身の体系と一致するかを決めることは結局できないからである。何しろ、Nil humani a me alienum puto〔人間に関することの何ものも私に無関係なりと私は思わず〕と言えるためには、テレンツ[*訳注18]のような人が必要だったから。主観的に関係づけようとするとあまりにも頻繁に不愉快《ベフレムドウング》な感情が生じてくるであろう。そしてそれを疎外感《エントフレムドウング》にまで至らせないようにするというむずかしい課題は、なかなか達成できないことが多いであろう。誰が本当に真剣に受けとめるべき人なのかという問いに対しては、ここで意見が分かれるところであろう。客観的段階への投影は、なんと言ってもきわめて現代的なものである。「体制」は、ただの事実に対して投影された耐えがたい不満のしりぬぐいをせねばならない。そしてなお別のきわめて奇妙な問題がここで明らかになる。すなわち、フロイトによって投影の意味をしらされて半世紀を経た今、若い世代の一部が内的な矛盾の問題をすべて外へ投影する傾向があるのは、何に由来しているのであろうか。多くの人々が自分の心理学的問題を身体化し、今日ではそれを社会化しているように思われる。社会学はかくして投影の舞台となる。投影はきわめて個人的な地平で扱われるべきはずであるのに（慈愛はわが家より始まる！）、社会学においては学術的に聞こえるジャルゴンの助けを借りて集合的な領域で理論的にぶつ切られるのである。社会はそれ自身の法則から明らかになると言い立てられ、社会は個人から成り立っていないかのようである。個々人が自分の問題を一人で真剣に受けとめねばならないはずなのに。

さて「手仕事的規則」について述べておく。ユングによると、客観的段階で扱われうるのは、

1. 夢を見た人が意識世界でよく知っている人、
2. 夢を見た人が意識世界でよく知っている状況、
3. それと戦わねばならない客観的事実、である。

これらすべてでは、その夢における表れが著しく客観的な事実と一致する限りにおいてのことである。しかしすでに暗示しておいたように、父、上役、あるいは夫が、夢において覚醒時の経験で知っているのとは違って見え、違ってふるまい、行動することがしばしば生じる。この場合に、逸脱した特徴に関しては主観的段階で考えられねばならないであろう。そうすることでこれらは我々における権威的、父親的、パートナー的な原理として現れる。

全体としての夢に目を向ければ、主観的段階は、夢においては「誰もが自分自身のシェークスピア」であ

るのみならず、誰もが自分自身のシャイロック〔『ベニスの商人』〕、アントニオ、バッサニオ、あるいは自分自身のポーシャ（男性の場合、最後の例は自分のアニマとなる。このシリーズの第四巻参照）である、という意味になる。原則的には、この見解はすでにニーチェのことばに含まれている。「汝らの夢ほど汝ら自身のものであるものはない。それよりも汝らの作品であるものはない。材料、形、持続、劇、観衆――この喜劇において汝らはすべて汝ら自身である」*150a

4　補償*151

主観的段階の原理と同時にユングにとっては、夢の評価に際しては必ず夢を見た人の意識的な現実状況を知っておかねばならない、ということも格別に重要なことであった。つまり彼はその両者の関係に関して、ほぼ例外なく当てはまる合法則性を見つけたと信じていたのである。彼に従えば、現実状況をも含めた意識と夢との間に補償的関係があるということである。これに関してはプルキンエがまさにユングの先駆者と呼ばれてよいであろう。彼は先に引用した著書で、再三再四夢の補償的機能について述べている。ユングにとってすれば、そのような関係は、すでに前から規定されている意識と無意識との間の補償的関係から必然的に明らかになることである。しかしここでは、心理学における補償とは何であるかをより正確に知らねばならない。compenso（ラテン語）は、互いを平衡させる、均等にする、再び回復する、ということを意味する。したがってそのような均等化に何か合目的性がある限り、ここでは必然的に目的因的な観点が入ってくる。無意識は所与の意識状態の一面性を修正することに「関心」を持っているので、均等化や補正化のために二つの異なる立場を対照させることが問題なのだ、と言う気にならされるであろう。

しかしここで、これらの異なる観点を互いに平衡させているのはいったい誰か、より正確に言えば、意識に相対している無意識の立場をかり出してきているのは誰か、という厄介な理論的問いが生じてくる。つまり問題なのは、欠けている何かの補足（ラテン語 compleo = 完全に満たす）、したがって非常にたやすく全く機械的に《horror vacui》（空虚の恐怖）の結果とみなしうる単なる補足ではないのである。むしろ補償は、全体の様子をよく知っていて、上位の観点を持っており、そこから診断のみならず治療のことも知っている審級の存在を前提としている。その上さらに、この補償作用を一方向だけ、すなわち無意識から意識へだけに考えることも、私には理論的にあまり十分でないように思われる。無意識↑↓意識という対称な定式の方が確かによいように思われる。

周知のように、ユングにおいては自己や全体性の元型という表象が見られる（後出）。補償理論においてさえ、この概念なしにはすますことができない。

補償的な夢内容の実際的な例は全くつまらなく思えるのが常で、しばしば粗野でぶしつけである。例えば上品なふりをしている婦人が、酔っぱらって溝で寝ている女の人の夢を見たりする。あるいは、あまりに合理的なエンジニアは最高度の永遠機関の設計図を作るのに成功した夢を見たりする。

ユングの補償理論によって、サイバネティックス的な考察方法のための広い領域が開けてくるのがここからたやすくわかるであろう。

5　象徴性

夢についてのユングの見解において、象徴は中心的な役を演じる。

まず第一に、ユングにおける象徴とは何かを定義するように試みてみよう。我々は除外的に定義していかねばならない。なぜなら象徴という表現は非常に多くの異なる意味で用いられているからである。

例えばシェルナーやトビアス・コーンにおいて、身体象徴が取り上げられているのを我々はすでに述べてきた。さらにジルベラーは閾象徴について述べ、例えば夢の中で旅行に出ることは、ある心的状態（覚醒）から別の状態（睡眠）への移行を示すとした。これらすべての場合に立てられている対応関係は、ユングの言う意味での真の象徴を全く含んでいない。そこで象徴と呼ばれているものは、何か知られたものに対する表現である（例えば、肺は心的な健康状態の変化、など）。そのような名づけ方は記号的《セミオティシュ》と呼ばれる（sema＝記号）。そのような記号は一般に何か既知のものや具体的なものに対するアナロジーや省略的名称である。例えばスイス連邦鉄道の羽根車、化学の学生のバッジとしてのベンゾール環、レジョン・ドヌール五等受勲者のボタン穴のばら花飾りなどがその例であろう。

さらに別の「象徴的」表現の範疇はアレゴリーであろう。アレゴリーとは、何か既知の、しかし抽象的なことの意図的隠蔽である。allegorein（ギリシア語）とは、何かを別の仕方で言うことを意味する。現代的な例としては、例えば天秤と剣を持ち目隠しをした女性でユスティティアを表すことであろう。あるいはある慈善団体がそのバッジとしてキリスト教の十字を用いるのなら、それはキリスト教の隣人愛を隠喩的に示している。アレゴリーは、分析していくらか熟考すればその意味が推論できる、とみなすことができる。

さてユングは、非本来的な象徴としての記号的表現、アナロジー、アレゴリーに真の象徴を対照させる。『心理学的タイプ』における彼自身の定義（51番）*152にまさることはもちろんできないけれども、それでもここで象徴についてきわめて短く、最も重要なことを述べるように試みてみたい。象徴は比較的未知な、捜し求められているものについてのできる限りよい描写である。再びキリスト教の十字架を、しかし今度は真の象徴として例にとってみると、それはこれまで未知で、理解できず、超越した事実を表現している。この事実は考えられる限りの説明をしても及ばないけれども、十字によってまだ最もふさわしく表現されているのである。当該の事態が比較的に未知である限りにおいて、その象徴はなお更なる意味可能性にも常に開かれている。万が一、時が経るにつれこの未知の残りもすっかり与えられてしまうと、ユングに従えばその象徴は死んだことになろう。そうすればそれはアナロジーやアレゴリーになってしまう。象徴においては常に合理的要素と非合理的要素が結び合っている。

ケキュレの第二のヴィジョン（このシリーズの第一巻参照）には、この経過の典型的な例が認められるように私には思える（ヴィジョンは象徴の問題に関して、全く夢と同じように扱ってよい）。象徴史から、ウロボロスが意味可能性の広いスペクトルを有していることは知られている。ケキュレの側としては、ベンゾール分子の環状構造はその時代にまだ知られていなかったし、それどころか想像もつかなかった。なぜならベンゾール環の互いに矛盾する既知の特徴それ自体からはこの可能性が推論できないし、また逆に昔から存在する「しっぽを食うもの」の象徴から何かの芳香族の結合の環状構造を推論することも不可能である。ウロボロスの形に真の象徴の全定義要素があるのは明らかであろう。それは紛れもなく無意識的な背景からその時に自発的に現れ、ケキュレをまさに一撃し（情動）、彼の思考を新しい川へ、そして新しい道へともたらしたのである。

例の患者（二二ページ以下）の初回夢における三叉の矛の機能を思い出していただきたい。これも真の象徴の定義にかなうし、ついでながらその時の魚もそうである。その上にそれは病気の経過において劇的な働きをした。ベンゾール環の問題に関するケキュレの悩みは、この象徴によってまさにその解決を見出したのであった（神の助け）。その時にようやく創造的な思考が始まり、これまで説明不能であったベンゾールの具体的性質の解明を成し遂げるに至ったのである。これと共にウロボロスはケキュレにとって象徴としては無になったのであろう。したがってベンゾール環は、それ以来もはや象徴として使われず、それは象徴としては死んだのであるけれども、化学の学生への所属を示す記号としては残っている。しかしケキュレが「動いている象徴」のことを忘れず――なお二十五年後の彼の記念講演（このシリーズの第一巻原書32ページ）が非常に印象深く明らかにしているように――それを常に畏敬の念を持って覚えていたことは、彼の高度に人間的で心的な教養を物語っている。

ここで一つ明らかにしておくのがよいであろう。あまりによく無意識の創造的性質のことが耳にされる。私はこれは誤解を招きやすいと思う。確かに無意識はここで述べたような象徴を生み出す。しかし自然を創造的だとみなすことも濫用である。なぜなら、自然は確かに生み出しはするけれども常に古いものだけしか生み出さないし（突然変異はここでは例外であろう）、象徴は原則としてすべてすでに知られているものであるから、象徴についても同じことが言える。どの木をとっても他のと異なっているけれども、我々にとってはどれもが新しい創造というわけではない。同じような意味で象徴は、それを担う人が自分の個人史によってヴァリエーションを与えている限り常に個人的なものであり、しかしながらその個々のものはその本質においてとっくに周知なものなのである。かくして創造的なことは、最上の場合には、意識との実り豊かなその都度の対決を待って生じる。

ここでなお少し象徴という言葉の歴史に立ち入っておくのが有益であろう。symballoは二つ（あるいはそれ以上）のそれ自体分かれている単位を統合する、結合することを意味する。symbolonも対になっているものの個々の半分である。これの有名な例は土器の破片で、古代では客がその一方を受けとり、別の方は主人が手もとにとどめておいたのである。互いに合う破面によって、両者はいつでも再び友人として確かめることができる。それからローマのtessera hospitalis（客人のしるし）が発生したのであり、その際はしたがって識別記号が問題となっている。そのようなものとしてそれはまた特徴や目印ともみなされている。密儀においてそれは合いことばの意味をもっており、例えばそれは、プルタルコスの「そしてディオニュソスの儀礼の神秘的シンボルによって」という個所（consolatio ad uxorem 10）において見られる。これはキケロ（Tuscul. 1, 29）も挙げている。《reminiscere, quoniam es initiatus, quae tradantur mysteriis》（そして密儀に伝わるものを思い出せ、汝は祝別されたものに属しているのだから。）ここにはsymbolonという概念のさらに別の意味、すなわち前徴が入ってくる。その際の「知」は、既知のものや、経験可能なものを越えたものを含んでいる。

一九三七年に、私はあるオランダ人の実験心理学者（四十七歳）を教育分析していた。夢分析が進むのと同時に、彼に小さなヴィジョンが発生してきた。それはますます脈絡を得ていき（ジルベラーのレカノマンティア的方法を思い出していただきたい）、連関をもって、重要となってきた。その発展をここで叙述するのは不可能であろうから、これらのイメージの一つを議論のために示したい。それは多かれ少なかれ最終的に生じたものである。

私が『内の』球と呼んでいる、中心にある赤い透明な球は、その横軸のまわりを後ろから前へと回る。そのまわりにより大きな、青い外の球がある。これは時計まわりに、しかも『内の』球より素早く回る。『内の』球には『光の十字』がある。それは球の赤道に水平にあって、直角である。その腕は『電管』で、その中を『光』がリズミカルに中心から周辺へと送られてくる。このリズミカルに流されている光は周辺に着くと、赤く輝く雲の中に消えていく。この形の左に女性が立っていて、手をさし伸ばして尊大に全体を示している。

このヴィジョンは象徴としてしか理解できないであろう。問題になっているのは純粋に形式—力動的図式で、それはほとんど全く抽象的に作用しているけれども、その重要性は唯一の人間的要素である女性によってはっきりと示されている。この女性はしかし全く非個人的で、客観的なものに還元できない。彼女も主観的段階に属している。彼女は秘儀伝受者として理解されねばならないであろう（アニマ、後出）。形式的に見れば、多くのユングの著書で示されているような典型的なダイナミックなマンダラが問題となっており、したがって人間の精神—身体的全体性が表されている。それゆえに、その中には、例えば脈などの身体機能（身体「象徴学」を思い出していただきたい）への紛れもない示唆も認められるのである。光の脈動は（道教における「光の循環」や仏教における法輪、参照[*153]）被分析者も自分自身のリズムと関係づけて理解していた。彼は自分のリズムが速すぎるという印象を常にもっていて、これまでの夢でもそれの「抑制」がよく問題になっていたのである。ヴィジョンにおいて「光脈」は、今やついに主観的に満足すべき落ち着かせてくれる頻度になった。ここで心臓象徴学について云々することができよう。それは解剖—生理学的ではなくて精神—身体的意味における、したがって魂でないにしても感情の座としての心臓、あるいはこの精神—身体的全体性の中心としての心臓である。

さらに両方の球にはっきりした色彩象徴があり（赤と青）、それは伝統に従えば感情と思考との対比が表現されているのであろう（ここで心理学的タイプについて詳述せねばならないところだが、ここはそれにふさわしくない）。その上に、光のインパルスが赤い雲に消散していくので、赤がもう一度現れることになる。

それからことさらに目立つのは形の象徴である。何しろ球、座標系、中心、と著しく幾何学的な形成物が現れるのであるから。ユングによって、そのような形に際しては全体性、総体性の表現が問題となっていることを我々は知っている。

殊に強調すべきなのはダイナミックな象徴である。すなわち二つの回転モーメントと一つのリズミカルなインパルスとが、すべて異なる時間関数（頻度）で動いている。

このような現象の根源を究める解釈学《ヘルメノイテック》（＝ヘルメスの活動についての学！）があまりに多くの困難に突き当たるのは克服できない災いである。ある象徴の個人的な面を十分に考察するためには、その人の全生活史を多少とも知らなくてはならないという事実だけでも、満足のいく叙述を実際上不可能にしている。なぜならそれは幾巻にもわたるであろうから。同じことは無意識の産物の補償的機能についても当てはまり、意識、現実状況と無意識についての重要な考察についても同様である。合理的な要素はまだ片づけることができるであろうが、非合理なものはどうなるのであろうか。我々の例において非常にはっきりと存在している時間要因には過去、現在、未来が含まれていることも思い浮かべねばならない。

これらすべての困難に直面してここでは控え目に、「超越的機能」に従って対立するものを結合できる自己の象徴、マンダラが問題となっている、ということだけを確認しておきたい。それでも自己についてはこのシリーズの第四巻で初めて扱うことになる。その上ユングは、この概念について非常に多くの個所で詳述している。

そのような象徴がこのように単純明快に生じることは必ずしも多くない。しかし我々はすでに、象徴は昔から知られ、遍在していると述べた。ここで示す場合がそれぞれの全く奇妙な例になろう。つまり一九三八年にC・G・ユングがエールでテリー・レクチャーを行った際に挙げた症例に出てくるヴィジョンがきわめて目立って先述のヴィジョンに似ているのである。それは『心理学と宗教』の一二〇ページの「世界時計」のヴィジョンのことである。[*154] その患者はユングによっても私によっても治療を受けておらず、一九三七年に私は、ユングがエールのために取り扱っていた材料についてまだ何も知らなかった。したがって象徴を生み出した両方の人に共謀があったとは考えられない。彼らはお互いに見ず知らずで、別の人種的文化的背景を持っており、私の被分析者は心理学者で、ユングの場合は物理学者であった。象徴の遍在性を支持するのにはこれで十分であろうか。それともこの目立った符合に、それどころか共時性というユングの仮説をかつぎ出さねばならないのであろうか。

6　典型的なモチーフ

すでに序論で触れたように、今日我々は、決まった夢要素を統計的に把握するという方法（ホールとヴァン・デル・キャスル）を用いることができる。象徴とその相関物の現れについてもそのような処理が可能になることが切に待たれる。それよりもこの方法は典型的な夢モチーフに有効である。なぜならそれらのいくつかはある程度連続して現れるのが常であるから。しかし統計的データを使わなくともすでに経験に基づいて、同じようなモチーフをもった夢が、ちょうど刺激されている（布置されている）ある決まった問題のまわりに時間的に並ぶ、と言うことができる。これらの夢を意味中心のまわりにグラフ状に並べれば、拡充法（三〇ページ）のと同じような図式が得られる。この観察から、あたかも夢自体が拡充法を行い、問題が十分に解明されるまで所与の問題の中心のまわりを固執して回り続けるかのように思われる。まさにこの問題に関しては統計的方法が殊に有益であろう。典型的なモチーフはすでに昔から知られており、それにはジルベラーの研究を思い出しさえすればよい（閾象徴）。例えば、出発、移行、浅瀬や橋を通ったり、泳いだり、ボートをこいだりしての河川の横断、墜落、飛行、洞穴とその危険、宝物、竜、荒々しいものも助けになるものも含めて一般に動物、殊にそのうちの蛇、巡行、夜の海の航海が典型的なモチーフの例である。最後の場合に関してはヨナのことを考えてみることができ、その神話に対してレオ・フロベニウス[*155]は原始的な類似の話を集め、かくして比較モチーフ研究を開始したのであった。無意識に徹底的にかかわっていくと必ず、危険と急転を伴ったこの同じイメージに相応した経過をとるようになる。モチーフ研究は民話と神話において大きな成功を収め、いくつかの予期もされなかった洞察を生み出した（ボルテとポリフカ参照）[*156]。それは要するに一つの比較していく方法で、その際に文化史的前提や連関が考慮されることが必要である。なぜならそれらは、神話の機能を理解するのに著しく寄与するから。

さて、夢印象にとって多かれ少なかれ特徴的だと思われる一連の性質をなお続けて述べることにする。

7 混交

混交はラテン語の contaminare ＝汚す、に由来している。区別することが意識の特権である限り、区別は当然のことながら無意識の領域では欠けている。それに従い、無意識の内容は明瞭な輪郭を持たず、互いにはっきりと際立たず、あらゆる面で重なり合う、などのことを確かめることができる。この状態はまさに、すべてがすべてと結びついているかのような印象を呼び起こす（H・フォン・ホフマンスタール、ナクソスに対してアリアドネは言う。「ここでは何も純粋なものがない。ここではすべてがすべてに至る」）。

純粋な概念は意識だけができる最高度の抽象の産物である。しかし無意識では一部が全体の代わりになる。我々はここで「自由連想」の真の領域にいることになり、すでにフロイトが指摘したように、まさにこの理由から自由連想は自由からほど遠いものになる。混交は、それが意識の領域の真っ只中に現れる時に格別に目につく。コンプレックスが作用している際には、我々の識別能力は著しく明瞭さを失っているのである。かくして、例えば嫉妬コンプレックスが刺激されていると、どのハンカチを見てもオセロのことを思い起こすようになる。あるいはユングのある女性患者は、「私はローレライです」と言っていた。それは彼女の統合失調症的な訳のわからぬことばに対して医者が「それがどういう意味なのか私にはわからない」（ハイネの「ローレライ」の詩の第一節）と答えるためだったので、ここにも混交が見られる。その同じ患者は、自分を「ソクラテス代理」だとも言明した。自分がソクラテスのように不当に病院に閉じ込められているように思われたからである。夢ないし夢要素はこの特徴をよく示し、その結果として、しばしば脈絡がわかりにくかったりその解読に苦労したりすることが生じる。

8　圧縮

圧縮は混交から純粋に切り離すことができない。それは、一つの夢内容においては、意識において分離されている多くの内容の特徴が組み合わされていることがある、ということに関係している。我々はすでにそのような例を、ユング[*157]の言及している夢の中の蟹で見てきた（一三三ページ、ユングの第一の例）。その際には、ゴシックの大会堂の装飾や彩色されたアイルランドの古文書で我々によく知られており、種属史を思い出させるキマイラが問題になっている。最も多いのは、全く異なる知人の特徴からいわば合成され融合された登場人物が現れることで、筆者の患者の夢に、筆者がその人の歯医者の性質を帯びて現れる、というすでに述べた現象（前を見よ）がこの例である。

9　多数化

多数化は個々の夢要素を何倍にもするので、本来は圧縮に対立する原理である。「お前は三回言わねばならない」（ファウスト）というのと同じように、これは当該の要素を特に強調している、と考えられるかもしれない。しかし単なる倍化の場合には、例えば酔うと二重視が生じるという周知の事実も思い起こさねばならない。その際には、明らかにいくらかの意識的行為を必要とする両方の網膜像を融合させるということがもはやうまくいかないのである。そして睡眠中には、もちろんこの意識的行為は部分的に脱落している。それでもあらゆる夢要素が二重なわけではないので、この見解は一般的に満足のいくものでない。むしろ二重化は、いわば意識と無意識との間の水平線上にあるので、その両方の領域に同時に現れている物のところで生じた一種の反射効果のように思われる。ここで筆者には、拙著のインキュベーション研究の中のジーマン効果の夢Vが思い出される。*158 その夢は、「ある知らない女の人が私にスモモをデザートとして持って来た。その時に同時に背後で男の声がした。『ジーマン効果の実験ができるためには、お前はこの果物を食べなくてはいけない』」というものである。ジーマン効果とは、スペクトル線が磁力によって分裂して三重（元の線は妨げられずに中央に残っている）あるいは多重になることである。さらにその夢は、中国の瞑想の本である『黄金の華の秘密』*159 のある個所を思い出させる。それは次のようである。「太陽は大海に沈み、列をなした木のお守・幻が生じる」。テキストによればそれは「木々の七重の列」である。したがってこの瞑想においては、意識の光（太陽）が水面に触れる時（意識と無意識の間の地平線）、あるいはテキストでの無極という「極から自由な状態」にある時に七重が生じるのであり、それには多数化の典型的な例が認められる。残念ながら、多数化というそのように特色ある現象を秩序立って理解するのはまだまだ及びもつかないことである。それはきわめて興味深い現象であるだけになおさら惜しいけれども。

10　具体化

夢における別のよく知られた現象は、夢に登場するもののいくつかの特徴がよく形象的に具体化されることである。例えば夢における黒犬は、夢を見た人にとって「嫌いなもの」や、あるいはまた「むく犬の正体」を意味するかもしれない。そのような表現を理解するためには、「身体象徴学」の場合と同じように、相当する比喩に親しんでいなくてはならない。コンプレックスは夢の中で人格化され、その際それが十分に「動物的」であれば、もちろん動物によって表されることもありうる。具体化傾向は実際にとても強いので、夢において単なる事実の代わりに全くの「小物語」を聞けるに至ることもある。このために夢はたやすく本物の中国風装飾となりうる。実際中国人はそれとよく似た「心的態度」を有しているように思われ、ユングがよく冗談で言っていたように、草の茎一本を手に入れてくれるように頼んだら、中国人はすぐに全牧草地を提供してくれるほどなのである。

11　劇化

演じ、劇化するのは未開人の心性であり、したがって我々の内なる未開人の特徴である。もちろんその傾向は、我々の無意識的産物の中で現れてくる。ここでは、すでに論じた、後でもなお話題となる夢の劇的構造ではなくて、夢における心的な事実が法的―抽象的意味でのものとして表されるのでなく、行為や経過を通じて表現されることが多い、ということだけを指摘しておく。それらの行為や経過から、表現されている内容を後から導出したり抽象化したりせねばならないのである。例えば、これは悪霊の追放が問題になっているのだと簡単に言われる代わりに、バーゼルのカーニバルの最初の朝のような長く続く全儀式を体験することになるのである。

12 古代化

原始的傾向と同じ方向に古代化の傾向も位置している。無意識それ自体が古代的なので、これは冗語となろう。無意識は本質的に歴史的、いや先史的で原始的である。それゆえにその産物である夢においてもそれに相応したことが生じる（ニーチェの言う古代人の課題）。この見解からすれば、動物が話したり、我々の「密林の魂」が動きだしたり、雑多な呪術的行為や効果が生じたりしても驚きではない。

13 いかにすれば夢素材を有益に取り扱えるかについての提案

以下においては、夢素材の処理に取りかかれるための多少とも体系的な観点を提供するように努めることにする。しかしここでは次の二つのことは意図していないことを断っておく。

1. 夢解釈のための普遍妥当的な「鍵」を提供すること。
2. 個々の夢には最大限の虚心さでもってあたらねばならない、という序論の所感と矛盾するような完全性に到達すること。

しかし、ここで努力してみたいのは、次の二つの問いに答えることである。

1. 夢にとって一般的にふさわしくて、有意義な仕方で立てられるのはいかなる種類の問題設定か、ということについて考慮がなされねばならない。

2. 夢の本質をできる限りよく把握し、しかもその固有の機能の仕方という観点のみから捉えるよう努めねばならない。無意識的な心がいわば純粋培養の状態で展開できる時に、それの機能について夢が何を申し立てているかをよりよく理解することを学びたい。したがって我々は主に夢の現象学的なことに基づくつもりであり、絶対に「夢分析の料理の本」を提供するつもりはない。

漁師が魚の夢を見たのなら（piscator pisces somniat）、我々はこの（なお実証されるべき！）事実を因果的に、この夢には彼の意識的な心を占めていることが反響している、として理解するつもりはなく、漁師の無意識的心がそれにふさわしい仕方で漁師に語りかけてくる時の、職業的に前もって与えられた特別な仕方として理解したい。したがってすでに述べたように、無意識がどのような形式や機能を持っているかについてここでは学ぶように努めてみたい。それゆえに我々の観点は学問的ではあるけれども、「応用的」つまり治療的ではない。もしも治療的な副産物があるとすれば、無意識のダイナミックスをそのようによりよく理解することによって、自分自身や回りの人間を正しく見ることも可能になるかもしれない、ということになろう。

まず第一に、学問的に夢を取り扱うためには、そもそも何を原則として用いることができるのかを考察したい。その際に主に、ユングがスイス工科大学での夢セミナーに用いた「夢解釈の方法論」[*160]という彼の覚え書きによることにする。

1. これについてのあらゆる考察に先立って、夢は自然な心的現象で、意識の意志行為によって生み出されるものではない、ということを確かめることができる。

これは間接的に、夢は無意識的な心の産物である、ということを言っており、この確認はありきたりのものでない。なぜなら、このような言明が意味あるものかどうかについては繰り返し論争されているからである。主に哲学の側から持ち出されているこの議論に読者をかかずらわせるつもりはない。精神医学的な経験のある医者にとって、1の言明が何を意味しているかは精神病理的な資料と比較しての考察からして明らかであり、意識的な意志行為との相異は彼にとって明白である。その上に、もしも意識に対して夢がかなりの「無礼御免」を行うことができないとすれば、意識を拡大するという希望を持って夢の表現から結論を導き出すことは無駄なだけでなく誤りになってしまうであろう。もしもそのようであれば、すでに知っていることしか経験できないことになり、無意識は意識の「くず」でしかありえないことになってしまう。実際にはそうでないことは、意識を無意識的な心から究極的に移すことに生きているうちに成功した人はまだ誰もいない、ということからしてわかる。その上さらに、自分がそうであると信じているのと比べて夢における自分がいかに異なっていることがあるか、率直に考えてみると、多くの抵抗にもかかわらずそのような驚きもまた真実であることを、まさに意識的に思いもしなかった時に認めねばならないことがいかに多いか、ということを我々は頻繁に体験する。夢が意識的なことばと意識的な感覚界に由来する像とを用いるという事実も、1の命題に対する反証にはならない。なぜなら、どうして夢は意識的に得られた以外の何か特別なイメージを使わねばならないというのであろう。この意識的材料を自由に使えるということで、そもそも夢は初めて伝達できるものになるのである。

しかし無意識が意識と異なりうるということは、このシリーズの第一巻で示された基本的な現象ですでに明らかである。無意識と夢は、意識の内容ときわめて異なることがあるというまさにそのゆえに、このようなあらわれを解き明かそうという気を常に起こさせてきたのである。つまり理解しがたいもの、理解されていないものは説明をしたくなりがちなのであるけれども、それと共に、説明のためにいかなる方法があるか、という大きな問題が登場する。

2. 必然的にある決まった夢を生じさせるような実験設備は知られていない、ということはすでに確かめてきた。せいぜいのところ、分離された特別な刺激が全く非固有的な仕方で非常に変化して、しかもただの要素として夢で再び見出されるようにできるくらいであろう。つまり因果的説明方法を適用するのを断念した方がよい。それに対してユングは「状況的」考察方法を勧める。その意味しているのは、ある夢におけるある現象が生じた際のすべての条件を考慮せねばならない、ということである。しかしある夢の経過をたどり、理解することが重要な時には、もちろん因果的な思考図式から去ることは決してできない。むしろ行為のどの一歩も先行する一歩の結果として理解し、つまり個々の出来事の間に因果的経過を定めねばならない。さもなければ、理解のためのあらゆる可能性を最初から全く放棄してしまうことになるからである。しかもこの原理は常に妥当していて、何の論理的連関もわからぬ時や経過がばかげていて全く脈絡のないように思われる時においてさえそうである。

3. 次に、どのような見分けることのできる源泉から夢が生じてきているかを確認するように試みたい。

(a) 明白に思われるのは、例えば前日の印象や意識的な関心事などの意識の内容が夢に現れることがある、ということである。周知のようにフロイトは「昼の残滓」について述べている。それは、忘れられた小道具のように舞台の上のまだあちこちに残っているので、夜における即興の上演にふさわしいのならそのために使われることがある、という意味で「残滓」である。しかしここにおいてすでに、そのような要素が全く変わらずに夢に現れることは決してないことを指摘しておきたい。思考にしろ体験にしろ、生物にしろ生命のないものにしろ、細部を几帳面に観察すれば、何らかの仕方で少し変形を受けていることがほとんどいつも認められるであろう。この変形を「夢の不正確さ」のせいにするわけにはいかないであろう。なぜなら多くの他の点では、夢は几帳面なまでに正確な表現法を使うのが常だからである。その上、実際の経験においてまさにこの差異を厳密に考慮することが非常に報いがあることがわかる。なぜならそれは、我々が覚醒時の観察では見逃していた事態に気づかせてくれることがよくあるからである。そのことだけから、我々の無意識的知覚（閾下知覚）は意識の知覚よりはるかに忠実であると結論づけられたこともあった。この見解は証明しにくいけれども、それでも軽はずみに否定することはできない。

(b)　しかし夢内容の多くは意識からそのように導出させることができないので、その起源を無意識の中に想定せざるをえない。この仮説に加えてさらに、無意識の恣意的な内容ではなくて、特別な夢の「製造」に欠くべからざる内容が関係している、と我々は仮定する。この場合に、無意識がある内容を布置するということが言われる。それの意味しているのは、今刺激され、いわばイオン化されているのはまさにこれであって他の内容でない、ということである。しかしそれは(a)の内容に対して、すでに一度意識の内容であったものでない、すなわち単に忘れられたり抑圧されたりしたものでない、という点で異なっている。

したがって夢の源泉は、原則的に次の二つの範疇に分類できる。

1. 意識的内容によって間接的に引き起こされた布置
2. 無意識的過程によって直接的に引き起こされた布置

おわかりのように第二の範疇は、意識に依存しているのが全く認められない無意識の自律的な活動にすでに対応している。これが単なる思弁でないことは、このシリーズの第一巻で論じた多くの結果ですでに実証されている。[*訳注19] この範疇は無意識の自律性に関する推論を非常に広範囲にわたって支え、例えば無意識は意識と全く「異なった意見を持ちうる」というような意味での真に自立的な機能を夢に対して認める、ということを確認しておきたい。

これでもって、夢の持っているかもしれぬ根源について知っていることを述べたことになる。次に同じように根本的な仕方で、夢はどのような機能を持ちうるかを考察してみたい。

先述したように、今日では「夢の新生物学」と関連して、夢の機能についていくつかの仮説がある。しかしそれらは押しなべて生理学の領域にとどまっていて、あたかも単に身体的な現象だけであるかのように夢を扱っている。もちろん夢は、その基体である脳の中における新陳代謝過程と関係しているので、身体的現象でもある。その限りでは「魂機械論的」観点の存在資格を認めないわけにはいかないし、必要な工学的心的態度に基づいて誰かが夢をコンピューター的脳の「くず廃棄」とみなすのも確かに興味をそそる観点ではある。しかしこれは夢に対して狭義での心理学的機能を少しも認めていない。そのような態度では心的なものはむしろすっかり排除されたり否定されたりしている。もっともこの否定自体が心的な行為なので、笑うべき自己矛盾に陥ってしまっているけれども。

この小さな脱線で強調しておかねばならないのは、この節ではもっぱら夢の純心理学的意味だけを扱いたい、ということである。ある心的産物をそれ自身の環境、すなわち他ならぬ心理学的環境の内で理解しようとすることは、正しくかつ必要であると思うのである。

心理学的機能はもちろん多く存在する。その一つとして「意味」もそうであろうし、有史以来かくも多くの夢の解釈方法が考えられてきたのはまさに夢の意味のせいである。この意味が我々が後から持ち込んだものか、それとも夢に内在していて後から発見されるべきものなのかは、認識論的なアポリアである。しかし私の夢の意味は夢を見た人としての私に関連している。そして夢が私にとって意味があり、あるいはそうなる限りにおいて、私はある価値を得たり、何かを学んだりしたことになる。これもまた、夢が意識を超越しているからこそ可能となるものである。「啓蒙」の時代がようやく本格的に始まった後で、真剣に受けとめるべき本物の心的現象の一つとして夢を捉える見解は、「迷信」として片づけられる危険に瀕している。人間にかかわる実際の治療での経験において、日々心的なものの際立った現実性を確信させられている心理学者は、根本において唯物論的なこの見解に与《くみ》することはできない。他方において心理学は化学、物理学や、解剖学、生理学の権限を否定しないであろう。月に吠えついている犬がそう思わないのと同じく、月を見た誰もが宇宙旅行の空想を思いつくのではない。しかしその人が経験したことは、直接的に働く効果を持っているので、その人にとっては一つの月の石よりもはるかに重要である。さてしかしこのような場合においても、この効果をより詳しく調べ、できればそれを理解するよう努めてみることができる。それを通じて人間の小宇宙についてより多くのことを知るようになるのである。

　意味解釈は昔から最も重要な哲学的、宗教的原動力の一つであったけれども、その表現は学問的様式に必ずしも添っていない。夢を「脳の尿」とする見解の方がそれによく添っているかどうかは、好みの問題のように思われる。夢判断の代わりにこの節では夢解釈について述べる、ということで様々な態度を考慮に入れたい。その際にinterpretatio（ラテン語）は一般的なキケロ流の意味として驚異や夢の説明を表すだけではなくて、特別な意味として、次に続くものによってある表現を明確にするということも表すのである。その場合には、この言い回しは拡充（先述）の意味することに合っている。

(c)　夢がもっているかもしれない意義、意味、あるいは機能についての問いに関しては、その都度の意識の状況に対して夢のとっている態度から出発するのが当を得ていることがわかる。この点について原則的に四つの異なる可能性を区別できる。

1.　夢は意識的状況に対する無意識的反応を示している。

夢が我々の把握しそこねていたある面を意識的状況につけ加えている、ということがわかることがよくある。たいていの場合には、ある知覚や体験に対する我々の態度の習慣的一面性に関係しており、一面性はこのようにして夢叙述によって十全にされる。従って客観的に欠けている何かによる補足が問題になっており、それには日中の間の印象が条件となる。

補償（先述）がからんでいる時には別で、より複雑なことになり、かくして我々は第二の可能性に至る。

2.　意識と無意識との間の葛藤から生じているある状況を夢は示している。

そのような可能性のためには、無意識の独立性が前提である。それゆえにこの第二の段階はすでに無意識の自律性に向けての大きい一歩を意味している。

3.　夢は、意識的態度の変更をめざす無意識のある傾向を示している。

そのような場合には、無意識の潜勢力は意識のそれよりも大きいとみなさねばならず、それに伴って無意識の自律性は最大になるであろう。それゆえにこれは常に、きわめて情動的で、重要に思われる夢に関係しており、そしてそのような夢は、意識の転換を引き起こしたり、あるいはよく言われるように心境の変化をもたらしたりすることも実際できるのである。

4.　最後に、意識と何の関係も認められない無意識的過程を示す夢も存在する。

それは通例「大きい夢」として感じられ、啓発や、それどころか神託の性質を持っていることが多い。この範疇には、例えばマクロビウスが《somnia a Deo missa》（神から送られた夢）と呼んでいたような夢が含まれよう。そのような夢が生じるために必要な「刺激」は全く多種多様なので、この部類の作用は不統一である。ゆえにこれらの「刺激」の種類に従ってさらに下位分類を行うことが必要である。

(a)　ここでは身体的領域での事象が問題になる。精神／身体の相関は一方ではきわめて高く（例えば随意運動を考えてみよ）、しかし他方ではまた非常に弱い（精神的自由）。いずれにしろこの領域では、正確な法則について語れるわけではない。そのような場合に常にそうであるように、相関は病理学の領域、つまり極端例においてまだ最もよく把握できるようになる。ヒッポクラテスやガレン（先述）のような医者が夢を病状のように読み取るように教え、またそれを診断や予後に役立てることができたのにはこの理由もあるであろう。すでに触れたように相関が弱いゆえに、彼らの意見に従うことほど難しいことはないように私には思われる。実際個々の例においては、臨床的観察と経験と、医学的＝心理学的直観の組み合わせがきっと問題になってくることになろう。身体的な情報は、信頼できる治療にとっていずれにしろ欠くべからざるものである。この警告の後では、一つ症例を挙げるのがふさわしい。その場合においては、夢から診断を下したのではなかったけれども、臨床的に明らかになっていくにつれて、後から夢の診断が裏書きされたのである。

夢を見た人は一見全く健康な中年の男性で、一九四八年十二月二十四日に次のような夢を見た。

「鏡を見て、銀の糸が右のこめかみから出ているのを私は見つけ、ピンセットでそれを引き抜き始めた。最初は注意深く行わねばならず、糸は非常に長い印象がした」

第二の夢で、その人は次のことに気づいた。

「私の右のこめかみは『治癒』されていた。すなわち皮膚は羊皮紙のように見え、あたかも負傷の後で干からびたようであった。」

その人は一九四九年の四月半ばに、頭骸骨の空間の狭まっていく過程をさし示すような神経学的症状を起こした。夢で示された場所に外硬脳膜性脳膜腫が診断されるのに成功し、それは五月十日に手術で取り去ることができた。それは夢の中の糸と同じ銀色をしており、7×5×4cmの大きさであった。その患者はそれ以来健康である。

さてこれに関して、この夢分類4(a)の内で認められる、決して完全に排除できない、事実からやっと認めることのできる特別に複雑な事態のことを思い出さねばならない。すなわち、身体的な障害源はそれ自体再び心的な過程にさかのぼることができるのである。この場合に必ずしも第一にいわゆる心身医学のことを考えているわけではない。むしろ、無意識における自律的で純粋に心的な過程は、夢においてにしろ意識の刺激によってにしろ、時には全く、あるいはまだ全く十分な心理学的表現を見出せず、その過程は（私の造った醜い言葉を用いるなら）心化可能ではない、あるいはまだ心化可能でないのである。これが特に、身体的に顕在化するに至り、この回り道をして再び4(a)の部類の夢の原因となりうるのである。このように描写された曲りくねりは、有名であり、かつそれでも理解されていない精神＝身体相関の一つの特異なモデルに他ならず、その相関はここでは両方の方向に読み取れるのである。たいていこの種の障害は機能的性格を示すであろうけれども、それは身体領域で起こるので、第一次的には心的土壌から育っている時でさえもそのような障害はためらわずに身体的な源泉に帰せられるのである。これは心が身体的に、身体が心的になる、すなわち切れ目（先述）のはっきりしない領域でのことであるから無理もないのである。

(b)　厳密に言えば、例えば雑音や、今日実験室で用いられている実験的に起こされた刺激や、ムルリ・ヴォルル（先述）の使ったような刺激から生じる夢源泉も、４の範疇に属する。相変わらず話題となるモーリの見事な夢（先述）もこの範疇に属する。

(c)　しかしまわりの世界の純粋に心的な出来事が夢に表現されることもありうる。この事実は理解するのが全く難しくて、殊に夢を見た人が何も知りえなかった人の心的事象に関係している時はそうである。すでに我々は超心理学の領域にいることがただちにわかる。それはそうとしても、ある現象がまだ閾下知覚の助けでも説明できるかどうかの決定は、常に注意深く吟味せねばならない。したがって閾下知覚で説明できる場合には、「感覚外通信」が主張されてはならない。ユングは、我々の考えではテレパシー仮説なしでは全くわからないある例を叙述している。

ある子どもは、自分の母が自殺している夢を見て恐怖で目を醒まし、母の寝室へ走っていくと、母は実際まさに自殺をしようとするところであった。

筆者自身の経験に基づく第二の例は――ある生徒の夢――次のようである。

私はX神経科病院に、どうやら患者として入院していた。私は他の一人の患者と一緒に一階の部屋にいた。開いた窓の前に縄につけられた大きな籠がぶら下がっているのが見え、それは上へどんどん上がっていった。上のどこかの階から子どもが籠を下に降ろしたのであろう、と私は思った。籠に入れるために私は部屋にころがっているクマの縫いぐるみを手に取り、私が窓の所へ来ると、外に二人の男が立っていて、そのうちの一人が私に向かって一発ピストルを発射した。私はただちに窓から飛び離れ、私に当たったかなと自問してみたが、そうではないらしかった。

その生徒はこの夢で、あるいはちょうどその時に鳴った電話で目を醒ました。電話はその同じX神経科病院からで、デプレッションでそこに収容されていた彼のおじが、たった今全く予期せずに亡くなったことを伝えてきた。この関連で、先に魂の球形（ピストルの玉）について述べたことを思い出されたい。

次に、時間の要因が独特な役割を演じているように思われる、二つのさらに別の可能的な夢源泉について論じることとする。

(d)　過去の回りの出来事に由来する夢内容。これは当然ながらさしあたりはフロイトの昼の残滓と同じくらい取るに足りない。しかし、そのような要素が確かに過去に関係しているけれども、意識の内容で決してなかったことが証明できる場合には問題が厄介になる。この最後の条件を確証することは確かに個々の例において非常に難しいであろう。何しろ我々は測り知れないくらい多くを見、聞き、読んでいて、そのうちにすっかり忘れてしまうから。その際に、この膨大なデータから何も実際に失われていない、と結論できる経験があり、この種の多くの場合には潜在記憶（このシリーズの第一巻を見よ）が説明の可能性として浮かび上がってくる。かくしてそのような夢モチーフはもはやこの範疇に属さなくなる。しかしユングは、例えば夢を見た人が全く意識的に知らなかった歴史的な固有名詞や物が夢に現れることが時たまあると信じていた。例えば、夢を見た人がその伝説を実際に知りもしない聖者の名前が夢に登場することがありうる。それでその伝記にわざわざ当たってみると、驚くべきことにその聖者の全く独特な特徴が、夢を見た人の状況に非常に見事に当てはまっていることが確かめられる。おわかりのように、これには客観的な比較材料を引き入れての特別な形での拡充（先述）が関係しており、この場合では歴史的、あるいは神話的な種類の拡充である。このことから、そのような場合には元型的素材や元型的状況、すなわち無意識が多かれ少なかれ典型的な具象的表象で、すでに何度も反応してきたような状況が問題になっている、と推論できよう。したがってすでに当該の伝説形成や神話形成の時代にも無意識は同じように反応したのである。

しかし相当する名前や伝説内容を無意識が万一本当に生み出したとするならば、すなわちこのような内容がかつて意識的に受け入れられたことがないとするならば、いかにして無意識がこのような知識を得ることができたかは全く謎のままになる。このようなことは無意識の「全知」という大胆な仮説によってのみ説明がつくようになる。ユング自身ならば、このような可能性の弁護のために立つであろう。なぜなら、彼はかけ離れた類推をさせる元型的素材との豊かな経験で耳ざとくなっているからである。時間観念（時間要因）の逆転という別の仮説が助けになるかどうかは、筆者には疑わしいように思われる。

(e)　意識と関係したことのありえない無意識的過程が夢に入ってくるということの最後の可能性として、まわりの将来の出来事が夢になる、すなわち夢を呼び起こしうる、ということがある。これには純粋に超心理学的現象が関係していることが明らかである。なぜならそれは予知以外の何物でもないからである。民衆信仰（好みによって迷信とも呼ばれよう）でも「お告げ」や「予示」のことはよく語られ、大事件はその影を先に投げかける、ということわざもその一つである。超心理学を好む多くの精神分析学者は、最近そのような例を収集するのに骨をおっており、実際のところそのような例は一般に思われているほどもまれではないらしい。*161 我々はすでにそのような例（一六六ページ）を一つ挙げたが、ここでもう一つユングの経験からの例を示したい。

ある中年女性の患者は、一連の普通の夢が続いているうちに、突然に次のようなぎょっとさせられる夢を見た。

「彼女は一人で、ある家にいた。夕方になり彼女は窓を全部閉めに行った。その時彼女は、まだ裏口を閉めていないが、これには鍵がないことを思いつき、家具でバリケードを築くことを決心した。外はますます暗く薄気味悪くなっていった。突然戸がバタンと開き、黒い弾丸が飛び込んできて彼女の体のまん中に命中した」

夢に必要な文脈は次のようである。それはアメリカにいる伯母の家に関係している。夢を見た人がそこを最後に訪れたのは約二十年前であった。ひどい意見の相違のためにその家族はそれ以来全く交渉がなく、殊に夢を見た人とこの伯母との間には二十年来もはや何の接触もなかった。ユングは夢を見た人の姉に文書で情報を求め、夢を見た人の述べたことは全く確証された（客観的既往歴、後出）。

実際この夢から数日してその人はアメリカからの手紙を受け取り、それによれば伯母は夢を見た日に死んだのであった。

この方向にさらにもう一歩進むのが狭義の予知夢で、そのような夢は、現実状況として理解できるような、近いあるいは遠い未来においてようやく実際に生じるに至る状況を叙述している。しかもその予知された状況はほとんど、あるいは全く我々の助力なしで生じることになるのである。自分の夢を事細かに記帳すること（シネシウスの『夜の書』）、すなわちその都度すぐに書きつけ、正確に日付けをつけること、を行っていない者は、そのような出来事に決して気づかないだろうし、ましてやそれを実証できない。しかし例えば分析においてそうであるように、かなり長い夢のシリーズをそのような条件のもとで観察する機会があれば、予知夢が決してまれでないことが目につく。それは、特別な超心理学的素質があるとみなしてよい人々においてのみ生じるのでも全くない。そこから超心理学者は、必要因（超心理学的能力）はあらゆる人間の持っているもので、無意識的な心に属している、と結論したのであった。これは自明のことであろう。理論的にも実際的にも、そのような予知的な出来事は問題を残す。理論的には時間要因が全く合わないからで、実際的にはそのような夢が当座のところ全く理解できないからである。そのような夢をそれでもlege artis（芸の規則にのっとって）「解釈」すれば、具体的な事件が生じた後で自分とそのわざをあざ笑う羽目になってしまう。なんと言ってもこのような夢は後での結果を待って「解き明か」されるのである。後での出来事が実際に説明と呼べる限りにおいてのことだが。この異常性がほとんど無意味に近くなるのは、将来の出来事が多かれ少なかれ破局の性格を帯びていたり、夢を見た人と全く個人的関連が認められない時である。その場合には、なぜよりにもよってこの人がこの予告によっていわば表彰され、苦しめられたのかを特別に考えてみなければならない。いずれにしろ、ここでは意味に対する単純な問いでは十分でない。なぜなら、仮にもし未来の実際の出来事との関連を認めるという、全く不可能に思えることができたとしても、正しい仕方で介入すること、すなわち神意を体得しているかのようにふるまうことは全くできないだろうからである。

なかんずく有名なハンドリー・ページ翼の開発に参加し、したがって信頼できる観察者に値しうる有名な航空力学者J・W・ダン[*162]は、その著『時間との実験』の中で、自分自身の経験に基づくこの種の印象深い例を多く記述している。そこで触れた時間の問題がきっかけとなって、彼は第二の著書『連続的宇宙』[*163]において、見かけ上の時間の逆転を理解するための創意に富む理論を展開したけれども、それでもそこに確信するに足る説明を見出すことはできない。

これで可能な夢源泉についての特別な考察は論じ尽くしたであろう。この他にユングはさらになおいくつかの一般的な確認をしており、それをもう少し論じることにする。

1.　夢は決して先行する体験の単なる写真的に忠実な再生ではない。ユングはいわゆるショック夢はこの規則の例外としている。それは例えば第一次世界大戦後に弾丸衝撃（戦争神経症、訳者）として、何年にもわたって規則的に全く同じ形で夢が繰り返されたものがそうである。その際には、例えば塹壕に生き埋めになったなどの病因になったもとの体験が、正確に再生されたのである。外傷は「刻印」のように固着し、なかなか「心化」できない性質をもっている（これはいわゆる事故神経症や救助神経症についても考慮さるべき観点である）。

すでに我々は、現実体験が夢によって被る変形について言及した。たとえ歪みがごく些細な時でも、何のために無意識がこの特別な努力をしたか、という問いは依然として正当である。殊にその「小さな差異」が、さもなくば見落としていたであろう何かを教えてくれたり、見たり体験したりしたものをそのまま再生した方が経済的であるように思われたりする時には、この問いを立てることは大切である。

2.　夢は、(a)意識とのもともとの関係が失われたか、それとも、(b)そのような関係がかつてなかった無意識的な内容を示す。

2(a)の場合には忘却されたものが関係しているとみなすことができ、その際にこのシリーズの第一巻で詳述したことを思い起こしてみて、少なくとも二種の忘却があることを考えねばならない。すなわち第一にはいわゆる普通の忘却で、単に忘れられた内容が全く興味のないものであることによる。第二にはコンプレックスの作用の結果としての忘却で、フロイトに従えば抑圧とも理解されうる。

それに対して2(b)の可能性は、見受けるところ(a)の場合よりも難しいように思われる。つまりそれは、無意識が独自の生活を持ち、自分の過程と発展を有していて、自分自身の法則に従っていることを前提としているのである。もしそうであれば何度も示唆されているように、この過程は全く意識可能ではない、あるいはいずれにしろ今はまだ可能でない、ということはありうる。これには夢心理学一般にとって重要な考察がつながってくる。すなわち、ある種の夢、あるいは夢要素や夢モチーフが異質であることや、我々が自分の夢をたいてい全然理解していないという事実、などである。ユングが考えているように、夢を我々自身の表現である、つまり一種のモノローグや内的対話である（psyche monou pros monon、プロティノス）とみなすならば、夢を理解できないのは矛盾とまではいかなくとも、失望させられることである。しかしまさしくこの事実から、無意識が意識といかに異なっているかを理解するように学ばねばならない。つまりその驚きを失うべきではなくて、夢の本質についての先入見の入った論をできるだけ持たないようにして、あらゆるいかがわしさと、しかしまた予期せぬ可能性を伴う無意識の自律性を認めて、自分が自分自身に対して非常に近いということは全く確かなわけではないことを忘れずにいることが推奨に値する。

3. 現在において認められない、あるいは認めることのできない、未来における人格の内容を夢が示すこともありうる。

この確認は2(b)の論点からの一つの帰結である。これは、意識とまだ関係したことのない無意識的内容が人格発達に関して特別な価値をもつことを示している。

これによってユングは、子どもの夢に関して特別な関心を示す理由を説明した。しかし当時スイス工科大学で彼の行った子どもの夢についてのセミナーを報告[*訳注20]するのは、ここでの課題にするわけにはいかない。ここではただ本質的な問題設定を再現するだけにとどめておく。すなわちその問題設定とは、人格発達の個人的なひな形はすでに幼い頃から存在していて、それはある種の状況のもとでは認識することができるのではなかろうか、というものであった。もしそうならば、「パターン」が殊に子どもの頃の夢ですでに際立っていたり表に現れていたりすることがありうることになろう。他方において成熟した、あるいは成熟しつつある人間の経験から、常に目ざされている人格の全体性は、マンダラのような形象で現れる傾向があることがはっきりしているので、そのような構造が個人的な変形を伴ってすでに子どもの夢に認められるであろうというのは、すぐに予想のつくことである。セミナーの結果は仮説を立証しているように思われると言ってよいであろう。

夢を予言とみなす見解は通例奇妙な気を起こさせるけれども、ユングの仮説はこの見解にも光明を投げかけることを触れずにおくわけにはいかない。確かにその見解は、夢が神から来るとか、夢においては宇宙からの霊的《プネウマ》感化が特に「浸透しやすく」なるので、我々は、大宇宙―小宇宙の間の対応に従って宇宙と内密な接触を持つようになるなどと主張している。しかしこれらの理論は我々の理論に比べて、殊に、未来の人格の構成要素が夢において示されることもあるとするユングの最後の提案に比べて、実際のところそれほども異なっているのであろうか。この連関で、ユングの学位論文[*164]のことを思い起こさねばならない。その中で彼は、すでに若くして全体性の象徴（当時はまだマンダラとして認められていなかった）が現れたのに、やっと後の病後歴で人格の円熟が証明された例を叙述している。しかし、我々が固く信じているように、ユングによって述べられた個性化の過程が珍しい芸術作品以上のものであるならば、それは常に存在している生まれつきの資質にも添っていなければならないし、そのような資質は人生のある時期に「目につく」ようになるのである。

第五章　夢の分析の技術

そもそもどうして、夢を理解するためにそれを分析せねばならないのかというのは、すぐに思いつくけれども難しい問いである。先に述べたように、何といっても我々は夢において自分自身に語りかけ（主観的段階）、あるいは自分で回しているフィルムを見ているではないか。それでも我々は自分自身を理解しなかったり、理解するのに大いに苦労したりする。確かにタルムードには、夢はそれ自身の解釈であると書いてあるけれども、我々はこのことばをじかには理解できない。もっともこれに関しては、筆者を再三驚かせた経験のことを思い浮かべてみなければならない。すなわち、時折、私の面接室にはセファルドユダヤ人、アラビア人、エチオピア人、などの非常に古い文化に属する人がやってきた。そして彼らに夢を尋ねて、愚かにも手探りでそれについて何かを言い始めると、すぐにそれよりもすぐれたことを教えられた。つまりこれらの人は自分の夢を全く当然のように理解しており、したがって自分の無意識とまだ「ことばを交わすことのできる関係」にあるのである。ミッドラーシュ・ハガドル[*訳注21]にはこの点を明らかにさせる個所があり、それをギンツベルク[*165]に従って引用したい。それはヨゼフによるファラオの夢の解釈に関係している（創世記、41、25以下）。「この国の賢者たちによって与えられた解釈が正しくないとなぜわかったのか、と最初にヨゼフは王に尋ねた。するとファラオは『私は夢と一緒にその解釈も見たから、彼らは私をだませるはずがない』と答えた」。[*166] ゆえにこのことから、あたかも我々はこの無意識のことばの知識を習ったのに忘れてしまったか、それともまだ学んでいないかのように思われる。これには次のキケロのことばがふさわしい。etenim qui secum loqui poterit sermones alterius non requiret——そして自分自身と語れる者は、他人との対話を必要としない（Tusc.V10,117）。これにはさらに別の経験がある。すなわち、ある日のこと私の患者の一人が非常事態に陥った。[*167] それは、フランスの精神医学が自動症と呼ぶ状態であった。この約三十時間の間に彼女は非常に深い内的体験をし、その力は強大で彼女の人格を今にも引き裂きそうになった。ついに彼女は下水溝のふた（マンダラ形）に保護を見出し、私のところへ戻って来ることができた。この瞬間から彼女は、自分の夢を直接に理解できるようになり、この能力を保持し続けた。この能力は治癒の副次効果であるけれども、この場合に進行的な学習効果が生じたのか、それとも、もともとの知識に退行的に戻ったのかという問いに答えるのには相変わらず役に立たない。もっともユング的な拡充の用い方によれば、第二の可能性が高いように思われる。なぜなら、彼女は夢モチーフの解明にたいてい太古の神話的イメージに頼り、したがって退行的テクニックを用いたからである。

これらのまれな体験から導き出すことのできる非常に中立的な結論を、否定したり、その根本的な意味を無視したりするわけには少なくともいかないであろう。すなわちこれらの体験からは、夢が実際に意味をもつということが直接的に明らかになる。この意味をやっと修得せねばならないのなら、そのためには技術的にどのような可能性があるかを考察することは有益であろう。我々はC・G・ユングを尊重してそれに従っているので、彼が自分のセミナーにおいて夢テキストを適切に取り扱うために欠くことができないとみなした条件を示すことにしたい。

1. 夢を見た人の現在の状況が記述されねばならない。

これには、夢を見た人が意識している限りの内的状況のみならず、その時の外的状態も属する。

2. 夢を見た人の、夢に先立つ体験が記述されねばならない。

この条件は、1からの一つの帰結で、夢を見た人にとって重要な出来事にウェイトを置いている。そのようにして得られる指摘は、「昼の残滓」の認識のために重要であるけれども、同時にある種の夢内容を意識連関の中にはめ込むためにも重要であることは明らかである。

3. 夢の要素についての主観的コンテクストが取り上げられねばならない。

contextus（ラテン語）は積極的には結合を、消極的には連関を意味する。本のある個所のコンテクストを見出すことによって、それがいかなる思考連関に位置しているかがわかる。したがって夢を見た人は、ある夢要素が自分には既知の意識内容といかなる関係にあるかを伝えることによって、コンテクストを提供するのである。この処置が必要なのは、先に（第四章）述べた夢表現の特徴のせいである。

4. 太古的なモチーフが登場する時には、神話的なパラレルを考慮することが必要である。

ここで我々は狭義での拡充の領域を動くことになる。しかし当然のことながら、たとえ形式的な点では合っているかもしれないとしても、随意に素材を並べてはならない。確かに場合によっては、そのように類似したものをかなり多種示さなくてはならないであろう。しかし決定的なのは常に、その人にある特定の神話素がわかるかどうか、その当人に夢モチーフが突然明らかになるかどうか、ということである。すでに述べたように、この場合にはただ主観的基準のみが問題なのである。掘り出し物は、夢を見た人の非常に広い意味での文化領域において見つけることができる、と言ってよいであろう。

5. 分析中に生じた夢の場合には、事情によっては分析家の側の内容で作用を及ぼしているものも援用せねばならない。

この要求は、被分析者の無意識において布置されているものにとって分析家の心が無関係ではない、という経験によっておそらく実証されている観察にその理論的基礎を有している。この種の見事な例のいくつかは、近年E・セルヴァディオ[*168]とイアン・エーレンヴァルト[*169]によって述べられた。分析家から被分析者へ伝わった情報が通りうるような通信路は知られていないので、両方の著者は正当にも、そのような場合には超心理学的現象が関係しているとみなしている。このモデルに従えば、テレパシー（思考伝播）が関係していることになろう。これに類似したものとしては当然のことながら、そのような現象が前から知られている催眠がある。しかしながら催眠者の意識的、積極的意図とは対照的に、我々の場合の「発信者」の活動は全く無意識的なので、両者の無意識体系の間の相互作用というモデルの方が適切である。[*170]もっともこの種の現象例は日常においても、緊密な精神的関係や対話などに際して観察できることが多いので、このようなことはあまり不可解なわけでもあるまい。筆者にはこの現象に対しては超心理学的仮説が、まだ一番中立的なように思われる。もっとも、それも当然のことながら何の説明も与えてくれないけれども。分析上の実際においてはこれに関連して「転移と逆転移」という特殊な現象が云々されるけれども、それは非常にこみ入った事柄なので、ここでは論じない。時にはそのような状況において同時にまわりで物理的現象も生じたりすることがあるので（『ユング自伝』参照）[*171]、特別な巡礼地やカリスマ的な才能のある人格において集中して生じる奇跡的治癒は、この相互作用に関連しているのかもしれない、という思弁がなされたことがあった。ユングなら、これを共時的効果に関係づけるであろう（『非因果的連関の原理としての共時性』の中の魚の象徴性のことだけを思い起こしていただきたい）。[*172]我々のモデルで言えば、両者の無意識体系の内容の間の類似性は、「配置されてあること」や符合の例であり、その際に刺激を受けた元型が超心理学的に働き、すなわちこれらの例ではそれどころか超物理的に作用することになろう。[*173]それはそうとして、そのような事態においてこの符合を証明すること、すなわち両方がそれを意識化することが可能な時はどれくらいあるのか、というのは別な問題である。それどころか意識化によって超心理学的効果が妨げられたり、消されたりさえするかどうかが実に問題で、かくして全くのアポリアに陥ることになろう。にもかかわらず5の要求は、科学的誠実さにかけて肝に銘じておかれるべきであろう。何しろ、ユング派によって発表されるような夢はユング派のもとでのみ現れる、ということがよく耳にされたり、時にはユング派には、フロイト的な夢はフロイト派の分析家の所でしか見られないかのように思われるからである。イアン・エーレンヴァルト[*174]は、この現象に対して「教義的追従」という術語を造り出しさえしている。これに対して筆者は、このいわゆる観察事実がそう簡単に説明がつくとは思っていない。なぜなら筆者は全く逆な経験をよくしたからである。殊に、分析中でもなく、ユングの名を聞いたこともない人々において、「非常にユング派的」な夢に遭遇してきた。そしてこのようなことは特に無教養な、あるいは教育でかえってだめになった人において多く生じ、これらの人々に対しては無意識は明らかにまだ「普通の言葉で話す」、つまりその元型的イメージの兵器庫をまだ妨げられずに作動することができるのである。

6. なおも最後の要求として、ユングは客観的既往歴の調査を強調する。

第三者の側からの客観的情報をこのように援用することは、状況がこみ入っていたり不可解な時や、夢を見た人が何か重要なことを黙っていたり、自分で勘違いしていたり、知ることができなかったりしているのではないかという疑いを、分析家が強く抱く時には必要となる。

ある夢シリーズからの例

これらの様々な点を考慮するとすれば、あらゆるデータの出所がいつでもたやすくわかるような仕方で夢を書き付けることになる。それゆえに綿密な夢処理のために次の図式を提案する。

I　夢のテクスト、できれば前もって劇的図式に合わせて整理して
II　それに属する意識的経験
III　主観的コンテクストの連想
IV　場合によれば、神話的パラレル
V　場合によれば、分析家の連想
VI　場合によれば、第三者や客観的情報の報告
VII　結果として生じる夢の意味の説明

IIからVIまでの欄は、あまりにも恣意的な説明を防ぐ安全装置としても役立つことがすぐにわかるであろう。それらの根底にある諸仮定については先に論じたので、さらにこれ以上に理論的な考察をする必要はないと思われる。その代わりになおいくつかの例を挙げることにする。その際に、第二章の2（二三ページ）で述べた患者の夢に限ることにする。すなわちこの例は次のような長所をもっている。

1.　これは完結しており、したがってすでに経過がわかっている。
2.　これは全快過程と平行して進んだ完全な夢シリーズから成る。これは殊に貴重である。なぜなら、たとえいろいろと安全処置を講じたにしても、残念ながら孤立した夢の分析は必然的にあまりにも多くの不確

実性を背負い込むからである。それに対して、同じ人の同じ時期におけるいくつかの、あるいは多くの夢を扱える時には、はるかに安心していられる。夢はある共通の意味中心をめぐることが多い、という事実に従って、ある夢について得られた解釈を前や後の夢と比較することによっていくらか客観的な統御をする可能性ができる。この比較によって、類似したことやあまつさえ一致することが見つかれば、自分の解釈が裏書きされたと思ってよい。これに関しては、前に（三〇ページ）拡充法に対して提起したのと似た図式が当てはまる。一連のシリーズを成している夢は自分自身を「拡充」していき、意味中心の回りを巡って旋回しているので、正しい解消の仕方はその中心と重なることであると言いたくなる。そうすると、まれならずそう経験されるように、その時からかなり長い間にわたって自分の夢をもはや覚えておくことができなくなるということによってそのシリーズが完結する。あるいは新しい意味中心が動き出すことで全く新しい形態が現れたりする。もし何十年にもわたる非常に長い夢シリーズを観察する機会があれば、そのような互いに交替する、言うなれば元型的モチーフともみなせるいくつかの意味中心の時間的経過の仕方に、ある種の規則的継起が認められる。これがユングが個性化の過程と呼んだものの経験的基礎であり、かくして個性化の過程とは、意識の側から無意識的過程について十分に長い間にわたって行われた観察の結果であることになろう。

3. この夢シリーズにおける見かけ上の欠点は、夢を見た人が全く精神的に麻痺していたので、自分の夢に対して意見を述べることができなかったことである。かろうじて彼には、支持的な促しを受けて夢を妻に口述筆記させるエネルギーがあっただけである。それゆえにこの例においては先の図式におけるIIとIIIの欄は脱落している。かくしてこの場合には、無意識の全く自律的な表明とかかわることになるので、II、IIIの欄の空白を、材料に対していわば客観的に自ら寄与することによって埋め合わせ、主観的情報が足りないのをIVとVの欄の客観的拡充によって補足するよう試みてよいのである。

4. その上に、II、IIIの欄のデータはとりとめもなく多くなってしまいがちなので、ここではいちいちどの夢に対してもそれを挙げずに済むのは教授法上での利点である。ここで補足として述べておくと、IIとIIIの欄のデータはフロイト的見解に固有の領分に相応し、その見解はそれ自身の正当さを持っており、当然のことながらその知識は前提とされる。それに対してこの節では夢についてのユング的な寄与が扱われるのである。いずれにしろこの患者の生活状況は、彼の容態にそって途方もなく単調であった。治療的努力も実際に不可能であった。したがって、明らかに非常に多くのことが生じたのであるけれども、その起こったことは何であれすべて、患者の唯一の自発的な活動であった夢から全く自律的かつ排他的に推論できたのである。これらの前おきを考慮に入れれば、夢のシリーズを以下のような仕方で処理してもよいように思われる。それゆえに夢1を劇的図式に整理してもう一度再現したい。

夢1

(a) 場所、時、登場人物
「私は、川や湖ではなくて、部分に区切られた貯水池で鱒つりをしていた」

　　区切られた貯水池、現在、夢を見ている人、終わりに三叉の矛と魚。

(b) デシス（提示部、「筋のもつれ」）
「蚊鉤などの普通の釣道具ではうまくいかなかった」
　　普通の仕方での鱒釣りの失敗

(c) クリシス（転部、転回）

「いらいらと興奮したので私はそこにあった三叉の矛をつかんだ」

(d) リュシス（結末部分）

「そしてすぐに見事な魚を突き刺すことに成功した」

感情（怒り）にかられて彼は原始的な「装備」である三叉の矛を見つける（神の助けの持ち込み）。

それで彼はすぐに見事な漁に成功する。

夢1へのコメント

この上なく簡潔かつ簡明に(a)は重いメランコリーに陥っている患者の現実状況を描写している。すなわち、完全な沈滞、コミュニケーションの不足（区切られた小空間、これは英語で仕切り《コンパートメント》心理学として呼ばれる）、何も「動いて」（流れて）いない。それに応じて、この残念ながら（無意識の）あまりにも「静かな水」から何かを捕獲しようとする、すなわち意識へもたらそうとする(b)における試みも成果がない。次に(c)において「憤激」の形で新しい要素が現れる。つまり彼は情動を得、それはこのような完全なアパシーの状態においてはまさに救いをもたらすものとみなされねばならないのである。この転回によって三叉の矛が彼の「視野」に現れ、彼はすぐにそれをつかみ――つまり積極的になって、――銛として漁に用いる。つまり、患者は熱烈な釣りファンで優雅な装備を持っていただけになおさらのことに、これには道具の退行的発展が関係しているのである。(d)この原始的な装備で彼はすぐに大きな成果を収めることができ、無意識（水）から大した内容（魚）を意識に運ぶことに成功した。魚はそこで同化可能（食事可能）なようにすることができるし、そのことに彼は間違いなく満足を感じたに違いない。初回夢からはしばしば予後を予想することができるので、この夢をそのような視点から理解するならば、これは臨床的にも実証されることになった、何年来続いていた空虚と沈滞から正常な状態への上首尾にいった転回を告知していることになろう。しかしそれはほとんど治癒夢に近いとみなすこともできようし、ここで三叉の矛はdeus ex machina（神の助け）と薬として無意識（夢）から自発的に現れているように思われる。これらの比較的無味乾燥な表現で我慢しておいて、前に述べたポセイドン神話は全くむだな骨折りであったとみなすこともできよう。しかし根気のよい読者には、この神話素の多岐にわたる細部のほとんどどれもが、それぞれに全く驚くほどこの例に合っていることに気がつくであろう。そのような一致はこのように複雑な形成物においては純然たる偶然に還元できないのである。いずれにせよ、この例を理解するためにこの拡充から多くのことを学んだことを確信している。したがって、この長い道のりをたどらなかったならば損をしたことになろう。その上に治癒があまりにも劇的であったので、そのヌミノース性から遠ざかれば自分自身と患者の害になっただけであろう。そのような場合に、意識的あるいは無意識的に自分自身を救いの神だと思い込む精神科医は最もひどい目にあう。ユングのことばを使えば、それはインフレーションと呼べよう。精神科で治癒が生じた場合には、それは不可解さと奇跡に隣り合わせの性質を持っているので、それに対して好きなだけ多くの考察をするのが概して推奨に値する。神話的、宗教的モデルはこの目的に適したものとして常に用いられてきたし、今日もなお「それ以上のもの」にとって代わられていない。治癒《ハイルング》は疑いもなく一つの元型的出来事、全体性への回復（restitutio ad integrum）、完全化なのであり、それはheil＝完全な、という語源に由来している。ゆえにこの夢は、形式的に見ても元型的と呼ばれうるのである。内容的には、これに登場する三叉の矛という元型的イメージが、ここでは都合のよいことにポセイドンの全体を表す部分として理解できるであろう。三叉の矛を三位一体性の象徴として思弁することは、他の多くのことと同じく好みの問題であろう。拡充は臨床的全体像の内で行われる時にのみ有意義なのである。

夢2

1. テクスト（すでに劇的構造の図式の局面に分けて示す）

(b)「夢は、私が自分のメガネを落としてこわすことで始まった。

(c) 私はすぐにそこにあったフォード型自動車に乗り、メガネ屋へと向かった（現実生活においては、私は自分で車を運転したことがない）。途中で私は、私の尊敬すべき友人で忠告者の老人を見つけた。私は彼に、一緒に行くことを求め、彼はそれに従った。

(d) メガネ屋への道すがら、私はその老人に私の心配事と苦境とを物語り、彼からよい忠告をたくさん受けた」

次に劇的図式をこの例に適用する。

(a) 道、現在、本人、老人

(b) メガネの災難

(c) 自分で車を運転し！　友人を見つけて連れていく

(d) 告白と老人のよい忠告

II　夢1以来少し調子がよい

III　(c)の部分におけるかっこ内

IV　左記のコーランの個所を見よ

IVに対して、コーラン十八篇59–81、59さてモーセがそのお小姓に、「わしは、二つの海の出逢うところへ行きつくまではどこまででも行くぞ。何年歩き続けようとかまいはせぬ」と言った時のこと。60二人は二つの海の出逢うところに辿りついた時、持っていた魚のことをすっかり忘れていたので、魚はさっさと海の中に逃げてしまった。61さて二人がそこを越えると、お小姓に、「我らの朝餉をこれへ持ってまいれ。いや、何しろこの長旅ではすっかり疲れはてた」と言う。62お小姓応えて、「それがなあ」と言う。「我ら二人して岩のところで憩うたでござりましょ。あの時、わたしがすっかり魚のことを忘れまして……いいや、これはきっとサタンめがわたくしに忘れさせ、思い出さぬよう仕向けたに違いござりません。が、ま、とにかく、さっさと海の中に逃げて行ってしまいました。奇妙なこともあるものでござります」63「や、それこそ我らの求めておったことではないか」と言って、もと来た道を逆戻り。64そこで両人は一人の男に出逢うた。これはもともと我らの僕《しもべ》の一人で、我らが特別の恩寵を授け、じきじきに知識を教えておいた者じゃ。65モーセこれに向かって、「お伴いたしましょう。貴方が授かっておられます正しい知識を私にもおすそ分けして下さいますならば」と言うと、66「いや、そなたなぞにはとても我慢がしきれまい」と答える、67「自分でもなんのことやらわけがわからぬことをどうして辛抱しきれるものか」68「いえ、いえ、必ず我慢して見せましょう、もしアッラーの御心ならば。どのようなことがありましょうとも、決してお言いつけに背きはいたしませぬ」と言えば、69「ならば、まあ、ついて来てもよいが、たといどのようなことが起ろうと、こちらから切り出すまでは、絶対にもの問うてはならぬぞ」と言う。70そこで二人は歩き出し、やがて舟に乗り込んだが、男が（舟底に）穴をあけたので、「やれ、そうして穴をあけたは、相客を溺らせようとのおつもりか。これはまた、とんでもないことをなさるもの」と言えば、71男は答えて、「だから、それ、言わぬことではない。そなたなぞに我慢しきれるものではないと」と言うので、72「や、これはつい失念してしまいました。どうか悪く思わないで下され。それにしても、あまりむずかしい目に遭わせないでおいて下され」と言う。73そこで二人は歩き出し、やがて一人の若者に出遇うたところが、男はやにわにこれを殺してしまった。「やれ、なんの罪とがもない者を殺しなされたな。別に向うが誰かを殺したわけでもないのに。これはまた、むごいなされかた」と言えば、74「だから、それ、言わぬことではない。そなたなぞに我慢しきれるものではないと」と言うので、

75「今度もう一度、何かのことで私が質問いたしたなら、もう連れにしないで下され。言いわけも、そこまで行けばもう立派に理屈がたつというもの」と言う。76そこで二人は旅を続け、やがてさる都の人たちのところに行きついた。その都の人たちになんぞ食べものをと請うたが、こころようもてなしてはくれぬ。さて、そこに、いまにも崩れ落ちそうな塀があったのを見つけて、男はそれを修理してやった。「その気になりさえしたら、いくらでもこれで報酬を取れるのに」とモーセが言えば、77「これで、わしとそなたはお別れじゃ。が、ともかく、そなたの辛抱しきれなかった出来事の意味を説き明かして進ぜよう。78まず舟のことじゃが、あれはもともと海で働く貧しい人たちの持ち舟で、わしがあれを疵物にしようとしたはほかでもない、あの人たちが帰っていく先には、どんな舟でも力ずくで強奪する王様が待っておったからのこと。79次に若者じゃが、あれの両親というのが信仰深い人間でな。どうもあれが無理無体に二人を神に叛かせ、信仰を棄てさせるような形勢だったので、80それで、神様に、もっと浄らかな、もっと親孝行な息子と取り換えて戴くようはからってやったわけじゃ。81次にあの塀のことじゃが、あれはもともとこの都に住む二人の孤児のもの。あの下には、二人のための財宝があった。二人の父親は善い人間であったから、神様も、二人が成年に達したなら、神の恵みの宝物を掘り出せるようにとお望みなされたのじゃ。何もわしが自分勝手にしたことではない。さ、これが、そなたの辛抱しきれなかった出来事の本当の意味じゃ」

夢2へのコメント

これは夢1の次の夜のことなので、夢を見た人の臨床的容態がまだ悪くて、この夢への何の情報や連想も得られていない。この点で(c)の部分のかっこはすでに一つの進歩である。メガネは彼の「物の見方」を表しており、それは何年来暗く曇っていたのである。彼はすでにあまりそれとぴったりいっておらず、いくらか無頓着になっていて、それを落としてこわしてしまう。これまでのメガネは、夢1における普通の釣道具、すなわち彼のうつ的な生活観と対応しているのであろう。彼は夢1ではそれを投げ捨て、ここでは下に落とす。つまり彼は「新しいメガネ」を必要としている。この目的のために彼は見ることとの専門家であるメガネ屋の所へ行く。急を要することなので、彼は自動車を運転することを決意する。現実においては彼は運転手をやとっているので、したがって彼のこれまで軽んじていた機能が活動を始めたことになる。ここに再び、夢1におけるのと同じような退行的発達が見られ、通俗的なフォード車が（同じように退行的に）そこにただとまっていたことは、夢1で原始的な三叉の矛が同じように簡潔に現れ、あるいは単に存在していることに対応している。後で我々が知ったようにここで登場したのはTフォードの型の車であり、この型はアメリカ車の実に原型で、一種の原＝自動車であり、それゆえにネプチューンの馬車とポセイドンによって創造された馬とのことを思い起こさせる。何しろ車は馬力で計られるものであるから。患者が自らハンドルを握ったことはそれだけで十分に能弁なイメージで、彼がある種の古くなった偏見（メガネ）をすでに放棄したことを前提とする注目すべき活発化を表現している。存在するものと仮定されているけれども全く現れず、ただ可能性としてだけ存在しているメガネ屋は、分析家を示しているのであろう。

　おわかりのように、我々はこの考察方法でモチーフ比較を行っており、両方の夢の経過と要素に関してすぐにいくつかの類似が認められる。すなわち、失敗（釣り）と災難（メガネ）、助けとなる要素の登場（三叉の矛、魚、フォード車、友人）などである。後者は患者が獲得（捕獲）したり、自発的に彼のところへやって（戻って）来たりしているので、したがって明らかに、それとの接触が失われている魂の諸部分を表している。同じモチーフ比較をコーランからの神話的拡充でも行っていることになる。いずれにせよ「よき友」、「老人」、「忠告者」のパラレルを求めての我々の連想はまず最初に魚を経由した。なぜなら後で明らかになるように、この背後にはなおも多くの秘密が潜んでおり、魚モチーフはこの患者の夢に、非常に熱烈に釣を趣味にしている人（漁師は魚の夢を見る）において当然とみなされる程度よりもはるかに多く、繰り返し登場するからである。しかし魚と通りで出会った友人とが互いに関連していることが必ずしも偶然でないのは、両方の要素がコーラン第十八篇においてまさしく密接に結びついていることから明らかになる。蘇生して行方がわからなくなった魚の代わりにそこでは「我らの僕の一人」が登場する。それどころか文学からわかるように、彼はこの同じ魚である。彼は、イスラム神秘主義のスーフィズムにおける英知を教える者（「多くのよい忠告」）、キィドゥルである。彼に関しては、通りで見つけた忠告者、援助者であるということになっている。引用したコーラン伝説はきわめて融合したテクストで、それはアレクサンダー大王の伝記物語においてはもっと純粋な形でみられる。そこにおいては、アレクサンダー大王の料理人である主人公がある泉で塩づけの魚を洗った。魚は息をふきかえして泳ぎ去る。そのことからコックは、その泉は捜し求めていた命の水であることを知り、このようにして発見した水を飲んだ。後になって捜してもアレクサンダーと料理人は泉をもはや見出すことができなかったので、「ドゥールカルネイン」は料理人の首に石臼をつけて海に沈めた。彼は不死身なのでそれ以来海の悪霊となり、しかしまた「海の番人」で海をわたるカーバッド・アルブフルともなった。したがってポセイドンといかなる類似も見られない。ポセイドンとの最も近いパラレルは、ユダヤ教神秘主義（カッバーラ）におけるエリアである。彼はいずれにせよ、海、無意識ときわめて親密な存在である。進行的なことととして記載できるのは、彼が獣の形（魚）から人の形に変わったことである。

コーラン伝説において、キィドゥルによって授けられた英知の教えは夢の賢明な忠告者に合っていないというわけではない。

したがってここでコーラン伝説は、無意識の現象学にあまり親しんでいない者が見落とすかもしれぬ連関を見出すことに役立つ。いずれにせよ、そのような推測の代わりに純粋にエネルギー的な立場に立って、意識への方向の可能性を持つ無意識の内容が問題になっている、と言うこともできよう。そうすれば患者のデプレッションはリビドー喪失に相応し、それが今再び、無意識から等価の内容が浮かび上がることで取り返され（進行）ようとしていることになろう。ここで事柄の多くの局面のうちの一つだけしか問題にできないことは明らかであろう。しかし、なぜ形式的な局面が無視されねばならないかはわからない。

夢3

1. テクスト

(b)「この夢で私は、駅から銀行へ運ばねばならぬ大金を受領するために、駅に行った。それは明らかにチューリッヒ中央駅であった。私は何度も往復せねばならなかったが、あらかじめ一人の警備人に、私から少し離れて通りをついてくるように委託しておいた。

(c) しかし、少し行ってから振り返ると、警備人は見当らなかった。それですぐに駅に引き返すと、警備人が小さな公園のベンチに心地よく座っているのが見つかった。私は、見張るという義務を怠ったではないか、と彼を責めた。私の非難はすさまじかった。

(d) 彼は、いずれにせよその取り決めがばかげていたのだ、チューリッヒでは襲われる危険がないから、とだけ答えた」

夢3へのコメント

(a) 駅（チューリッヒ）、通りと銀行、現在、本人と警備人

この夢はチューリッヒでの三日目の夜に見られたものである。患者はチューリッヒ中央駅を認知したので、今や「ここに」いる、と言える。漠然とした遠く（無意識）から今や大金、つまり自由に使えるエネルギー

（リビドー）が彼のために到着する。彼はそれをきちんとしまわねばならないが（銀行）、その際に、デプレッションの人に特徴的な不確かさがまだ残っていることに相応して、まわりに対する不信を示す。なぜなら彼は、新たに得たエネルギーが再びなくなるかもしれぬという不安を持っているからである。しかし、とらねばならぬと思っていた安全策は機能しなかったので、彼は怒る。この護衛の影には分析家が潜んでいるのかもしれず、したがって患者は分析家によってあまり保護されていないように感じているのかもしれない。しかしそのような感情に対して、夢の結末の部分は、チューリッヒの状況に対して実際に信頼していてもよいということを示して、夢を見た人にこの不足が積極的なことであることを告げることになっている。この意味において、この結末は安心させる。チューリッヒには全くギャングがいない（それは一九三七年であった！）ので、不信は全く不要なのである。つまりまだ弱い意識よりも、護衛はよく知っているのである。

したがって、毎夜のように三つのヴァリエーションで無意識の貴重な内容が患者にやってきた。魚、自動車、忠告者にさらにお金が加わった。その時になって筆者は思いきって予後のよいことを表明した。それは先に述べた不信感とともに受け入れられたが、それでも忘れられることはなかった。夢の状況はいまやすでにほぼ正常な、言うなれば市民的な領域にあり、もはや神話的拡充をする理由がない。しかしこう言ったからといって、「市民的状況」は決して元型的や神話的でない、という意味ではない。逆に市民的状況は、それに関与しているものが普遍人間的な背景を認識することができて初めて、十分に理解できるのである。

夢4

1. テクスト

(b)「私はニューヨーク市の第五大通りに立って、世界大戦からの「にじ師団」の帰国を見ていた。行進している部隊の中に多くの昔の友人が見つかった。

（c）パレードの後で、そのうちの何人かが食事に集まってきた。連れの中に一人の非常にユーモアに富む士官がいて、彼は我々の将来について予言をした。彼の所感のいくつかは非常に愉快であった。

（d）夢がその前に終わったので、彼の予言は私にまで回ってこなかった」

（a）場所：ニューヨークの第五大通りとレストラン、時：約十九年前（第一次世界大戦の終わり）、登場人物：本人、にじ師団、友人達、士官

夢4へのコメント

夢を見ている人は再び自分の故郷にいる。第一次世界大戦後の時代は彼の人生の一つの頂点であった。すなわち彼はある国際委員会のメンバーで、多くの勲章を得た。にじ師団も、第一次世界大戦中に偉大なる功績をあげた（これらはすべて、正常な条件の下ならII、IIIの欄に現れるであろう報告である。この場合においては、患者の妻のおかげでこの情報を手に入れることができたので、それは欄VIに入れねばならないであろう）。何年にもわたって激しい戦いのさ中で生きてきた約一万人の兵隊が（夢3のお金の代わりに）故郷に戻り、平和を見出している。それはおそらく、非常に多くのエネルギー（リビドー）を拘束していたメランコリーという長年にわたっての消耗させる内的戦いが終わる、ということであろう。小宇宙的な凱旋行進は今や自我により強く結び付けられねばならず、それは会食（communio）によって裏付けられている。転部においては「そこに居合わせた」誰かが予言をもたらす。将来の発展はその人が経験したことから決まってくるらしい。結末部分は目醒めによって脱落しているので、またも失望させられる（夢3と同じように）。相変わらず非常に病んでいる患者が予後を必要としているのがわかるのに、なぜそれが与えられないのか、と自問がされるかもしれない。私は彼に多くを約束し過ぎたのか（一九二ページ参照）。彼にはあまりにも辛い運命が与えられたので、今の状態

では彼はそれを知るのに耐えられなかったのであろうか。その後の経過によればその両方の仮説とも誤っている。欠けている結末部分は彼に有無を言わせずhic et nunc（ここと今）に注意を向けさせているように筆者には思われる。彼は十二分に力の還帰を喜び、それを神からの賜り物として、唯一の大切な予言として受け取らねばならないのである。

夢5

1. テクスト

(b)「私はここのホテル（そこに彼は妻と一緒に住んでいた）で出会ったある婦人と話していた。我々はチューリッヒのどこかの舞踏会にいて、

(c) そして踊りの合い間に私は彼女に、スイスにおける何かある歴史的事件のことを話してくれるよう頼んだ。殊に私はハプスブルクの最初の城に興味があった。彼女はそれを詳しく物語ってくれた。

(d) それからまさに夢が終わろうとする時に、一緒にそこへハイキングをすることを約束した」

(a) 場所：チューリッヒのどこか、時：現在、登場人物：本人と婦人

夢5へのコメント

再びチューリッヒに舞台は移って、初めて一人の婦人が姿を見せ、彼はその人と調和的かつリズミカルに動く（踊り）。このシリーズにおけるアニマ像の初登場がこの夢では問題となっていると言えよう。アニマが現れたので、内界との生き生きとした接触を作り出す可能性が与えられたことになろう。これは歴史についての共通の興味に基づいても成功する（アニマはよく歴史と関係し、患者自身も以前に歴史的興味を多く持っていて、それは彼の全快後にまた再び押さえられないほどに強くなる）。「堅城」としてのハプスブルクは古典的な避難所で

ある。Habsburg = Habichtsburg（鷹城）、burg = berg = bergen（安全にする）である。それはすべての典型的な中世の城と同じように、bergen（安全にする）とvride（防衛）とに分析できるBergfrid（天守）とpallas（大広間）から成る。もちろん天守は物見やぐらでもある。患者の人格はそのような防御を必要としているのであろう。実見する計画は、アニマとの接触が共通の興味を経て確立された後での帰結を示すであろう。

夢6

1. テクスト

(b)「この夢はスコットランドを舞台としている。ある男が犯罪を犯したとして不当に訴えられていた。弁護士となって法廷で自分を弁護するように彼は私に頼んだ。

(c) 私はそれを行ない、夢で全裁判過程が展開した。

(d) 最後にその男は無罪とされ、私はこの結果を非常に喜んだ」

(a) 場所：スコットランド、時：現在、登場人物：本人、被告人、裁判官

夢6へのコメント

夢を見た人はかなりスコットランドの血をひいている。したがってこの場所に基づいて、この夢では遺伝的な何かが問題になっているのかもしれない、ともみなしたくなる。遺伝的な問題としては躁うつ病のことが考えられる。しかし男は不当にも訴えられているのである。したがって疑いはくつがえされねばならない。この課題は、実際においても法律家であるこの夢を見ている人にふりかかってくる。正当（＝正しい判定）のために意識的な力をすべて傾けた後で、潔白なのに訴えられていた自分の第二の自我のために、彼は無罪判決をかち得たのである。結末部分には自分のかち取った成果についての自分自身の満足も含まれており、こ

れは治療的に言って少なからず重要である。なぜならその満足は、彼が内的解放の傾向に実際に心を動かされていることを、夢4と5におけるよりもずっと自発的に、自分自身の活動への反応以上のものとして示しているからである。

夢7

1. テクスト

「この夢で私は『フィデリオ』の地下牢の全場面を体験した。私は一晩か二晩前にオペラを見に行っていて、夢はその時に市立劇場で見たものの単なる繰り返しであった」

(a) チューリッヒ、オペラハウス、地下牢、現在、本人と舞台の登場人物

夢7へのコメント

この夢テキストは一見したところ、我々の劇的図式に合わないように思われる。そのような夢はもちろんよくあり、それにこじつけて図式を当てはめてはならない。しかし、『フィデリオ』の中の口数少なく（うっ的に）描写された地下牢の場面はきわめて劇的な経過を示すことも忘れてはならず、その経過を夢はいわば省略している。この夢はなお別の点でも変わっている。つまりこれは明らかにある現実体験（オペラ見物）の反復で、それ以外の何物でもない。これは、夢は常に現実事象の変形である、というユングの規則（先述）に矛盾する。フローレスタンにおいても不当に捕えられている者がテーマになるので、夢6とのモチーフの類縁性は非常に明らかであるけれども、今度は舞台の上で生じている。我々は前にアリストテレスを引用しつつ、夢の内的ドラマがいったいいかにして夢を見ている人を刺激できるのか、この連関で内的ドラマはカタルシス効果とどのような関係にあるのか、という問題を論じた。夢を見た人は実際のところはほとんど無

理やりに妻によってオペラ劇場に引きずられていった。彼は全くのアパシーだったので、筋について行けないのは予想のつくことであった。夢が現れたことはこれを裏付けているように思われる。なぜなら理論に従って、悲劇が全く内側からもう一度生じて、それでもなお彼に到達し、彼に「汝の話が行われている」と言おうとしている、とみなせるからである。ここでユェレミアス・ゴットヘルフのことを思い出してみたい。

眠っている間、時を告げる数は数えられず、眠っている人は別の国に移され、時と場所の制約を越え、特別な道をさまよう。その道すがら、神御自身がその父なる手から成る像で眠っている人を教え、彼にその弱点を知らせ、幸運な者には不幸の苦杯を味わわせ、不運な者には幸運な夢でなぐさめ、不満を抱いている者には、以前からの苦労を辛抱強く耐えて引き受けて満足している状態で目醒めるように導いてあげる。夢は神の愛と叡知の宝庫であるが、その宝庫を高めることのできる魂はまれにしか見られない。*[175]

オペラのシーンはうつの状態と目立って類似しているところがあるので、そのような患者には本来ならば衝撃的に作用するはずである。しかし、劇場において不可能だったことを夢は達成した。すでに触れたように、戦争神経症の夢も外傷的体験そのままの再現である。その際に我々は、「心化可能」でない事情が明らかに存在すると述べた。しかしこの患者にとっては自分の運命は心的に成就できるものであろうし、彼がそれを永遠の相のもとで見ることができれば克服できるのであり、すなわち古典的な意味での劇場という、より高い地平においてのみ本当に理解できるものになるのであろう。劇場では出来事が元型的意味を帯びているので、もはやちっぽけな人間の心配事のみでないのである。チューリッヒ市立劇場からこの人の内的舞台への輸送を、無意識が一つの目標に向かい、治癒をもたらす性質を持っているために引き起こされた必然的な転換として理解しようとするならば、夢7のこの機能はよりいっそう明瞭となろう。そしてここで無意識の側からの協力があったことは、その後の経過を聞かなくともすでに明らかであろう。

読者が議論についていきやすくするために、ここでなお『フィデリオ』の「地下牢の場面」（一八〇五年）の短い要約を示す。ここで示すのはフィナーレ（転換の後）を除く第二幕全部で、したがってもとのブイリーの劇の音楽的頂点（急転）と結末部分とである。

第二幕。フローレスタンの囚われている地下牢の中。フローレスタン一人。アリア『人生の春の日において』でレオノーレへの彼の愛、親しみが感動的に表現される。無力感に打ちのめされて彼はふしどに倒れる。ロコとレオノーレが入って来て、フローレスタンの墓所の準備を始める（『なんと早く亡くなって、なんと新しく埋められて』という心をゆさぶるデュエットが続く）。その間レオノーレは、薄暗がりの中で囚人の顔立ちを何度も何度も見きわめようとする。囚人が目を醒ました時、ロコは彼を一杯の水で元気づけてやる。そのことでロコにお礼を言った囚人の声で、レオノーレは自分の夫だとわかる。そして甘言でロコの心を動かして、彼女はあわれな人にパンを一切れ差し出してもよいことになる。その時にピッツァーロがやって来て、フローレスタンに自分が誰かを名乗る。だがしかし、彼が今まさにフローレスタンを短刀で刺し殺そうとした時に、それまで隠れていたレオノーレが夫と下手人の間に飛び込んでくる。残忍なピッツァーロが彼女を投げ飛ばそうとすると彼女はもう一度フローレスタンをかばい、――ピッツァーロをピストルでおどしながら――「まず自分を殺せ」と叫ぶ。憤慨したピッツァーロは二人を殺すのもはばかろうとしない。二人の命がすでに失われたように思われる時に、足音が近づく。ジャッキーノがやって来て大臣の到着を告げる。フローレスタンとその妻は救われた。歓呼のデュエット『ああ、名もなき友よ』に二人の幸せな心が打ち明けられる。

この夢はその簡潔さ、あるいはその含蓄のゆえに、狭義の分析的な作業なしに十分に印象的で理解できるものであると思うし、このメランコリーの回復期からの例はこれで十分だとも思う。それでも締めくくりに、完治のすぐ後に生じた最後の夢をもう一つ付け足しておきたい。

夢8

「私は南大西洋にある大きな雄ウナギの故郷に行った。無数のウナギが家へと出発するのを私は観察した。水中には水平線に至るまでうなぎが見えた」

夢8へのコメント

この夢を正しく理解するためには、すべて欄VIに属するような多くの客観的な種類の報告が必要である。ヨハネス・シュミット（一八七七―一九三三年）以来ウナギの生物学はよく知られているものの、この奇妙な魚は、すでに古代から提供してきた多くの謎を秘めている。いずれにせよ、その驚くべき航海能力はまだほとんど不可解なままである。簡単に言えばその循環は次のようである。ウナギは淡水流に住んでいる。秋にいくつかの個体は食物摂取をやめ、銀ウナギになる。これらは淡水を去って海水に入り、大西洋を横切って渡り、バーミューダ諸島の南東の藻海に達する。そしてそこでそれらは産卵して死ぬ。幼魚（レプトセファリ）は透明で何百万匹にもなって一部メキシコ湾流の助けも借りて二年半でヨーロッパに戻り、昔の群れに新たに加わる。*176　したがって夢は生物学的データに合っておらず、そのことは夢を見た人が熱心な釣ファンであるだけに考えさせられることである。この夢ではウナギの卵から大きな雄ウナギが孵ったけれども、実際にはウナギの雄の個体は小さい。出発していくウナギがガラスウナギ（幼魚）であるとみなしてよいのならば、その他の点では夢の全体的イメージは正確である。

なぜ夢が、雄をそんなに不正確に大きくしたのかという問いは残る。なぜなら正しい方に当たる確率はそれでも半分あるからである。無意識は、男性的でさらにその上に非常に申し分なくファリックでもあるものの充満を、よく知られた、しかし相変わらず神秘的な太古の自然現象で表すことをねらったように思われる。もちろん回復に伴って性的リビドーが再び盛んになったけれども、それは完全に正常な範囲内にとどまった。たとえこれに関連してジルベラーの言う「精子夢[*176a]」のことを考えたとしても、この夢のモチーフの意味は最終的には変わらない。この男性的な新生の力が「家へ戻る道を見出す」ならば、それは人生の発展のために用いられるであろう。何百万という個体のうちのわずかしかその目的地に達しないのが常であるけれども、自然にとってはそれでちょうど十分なのである。この夢を正しく理解したかどうかには答えないでおきたい。重要なのは、循環する自然過程の出発をその圧倒するような次元で示して、その出発に自然の驚異という側面を残したそのイメージ自身なのである。

エピローグ

あなたは私の心をためし、
夜、私に臨み、私を試みられた。
（詩篇、17、3）

詩篇においては、睡眠中に神が我々を調べる、という夢についてのまたしても新しい見解が認められる。この神の調査の向けられているのは、我々の真の本質以外の何ものでもありえない。その際に、自己認識なしにはいかないであろう。しかしどのようにして自己認識が得られるかは同時に明らかにされてはいない。何しろ夢は非常に聞き慣れぬ語り方をするからである。ひょっとして夢はまさにそのことによって我々を探究に駆り立てようとしているのであろうか。原始的な民族にしろ高度に文化的な民族にしろ、それにふさわしい宗教的方法で夢というヌミノースなものにかかわらなかった民族は、どの時代にもなかった、ということを十分に思い浮かべてみるならば、いずれにせよこの考えにたやすく思い至るであろう。脱神化が始まって、それとともに夢の神秘も消滅した。アケローンたちが動員され、途方もなく複雑な全現象が仮説的な衝動運命に還元された。かくして夢はいわゆる科学性の犠牲に、いやそれどころかその固有の舞台となったのである。

ユングの世界像では、夢はむしろはるかに詩篇におけるのと同じ所に位置している。我々が夢を理解しなくとも何の不思議があろう。何しろ我々は自分自身も理解していないのだから。あるいは、夢を真剣に受け止めていない者は、自分自身をも真剣に受け止めていない、とも言える。この結論には、あまりにも多くの人が自分自身を真剣に受け止めすぎている、という注釈が必要である。しかしこれは、これらの人が自分の意識的意図を真に受けて、それに応じて自分を過大評価している、ということを意味しているだけである。営利活動においては確かにこの態度は適切だし、疑念は不適である。しかし、自分でビジネスマンとしての自分を疑う贅沢のできる私人はどこに残っているのか。そしてもし万一そのような人がいたとしても、誰が彼によき友と忠告者として正当な疑念を与えるのか。心理学的に言えば、ここでユングの言う「自己」が関係している。「夢は自己から来たる」という定式は、矛盾なくユング的思想に入れることができよう。これを今までしなかったのは、「自己」という概念の徹底した論議がその前提となるであろうからで、それはこの本の領域に属していないからである。ここではただ次のことを記しておく。自己は一つの元型で、イメージや物を配置し、時にはそれらを身体外にさえも置く。それは意識に対して自律的で、それを超越している。それは至高のヌミノース性を持つ元型で、宗教的象徴において中心的な役割を演じる。それには西洋における十字架や、西洋の類似物を含めての東洋のマンダラのことを考えてみさえすればよい。個性化の過程が進むにつれて、夢に自己の象徴がますます頻繁に現れるようになり、そうして一種の先導の役目を引き受ける。ところでこのいわゆる自己とは誰なのか、あるいは何なのか。あるいは問い方を変えるなら、心理学的な所見が述べられると、神学者がそんなにも心理学主義を非難するのはなぜか。あるいは神学者は、人間における神の局在のための解剖学的土台や、魂への神の顕現のための基礎を、我々にすでに提供したとでもいうのであろうか。そして他方で科学者たちはユングを神秘家だと非難し、学術的サークルは彼を忌み恐れる。なぜなら例えば彼は夢の現象を本当に真剣に受け止め、それでもすでに「ユダヤ人にはつまずかせるもの、異邦人には愚かなもの」*177であったフロイトよりも、はるかに真剣だったからである。そして「主観的段階」でのユングの夢の解釈は、仮借のない自己認識からの逃げ口上をもはや許さないからである。

したがってここで私人としてのビジネスマンは、まだ十分な問題がなくとも、自分の「友と忠告者」を捜し求め、見出さねばならないはずである。しかしそうはいかないのでそのつど、何らかの不可抗力が必要となる。残念ながらそれはいつもまわりがすでに十分にしりぬぐいをした後なので、少し遅すぎることになる。

そしてここで重大な異議が現れる。すなわち、誰が今日もなお、このような出費ができるために必要な安息とお金を持っているというのであろうか、と。そしてさらに別の異議として、ほとんどありとあらゆる恣意と偏見の入ってくる可能性のあるこの議論の多い領域の事情を誰がいったい本当に知っているというのか。そして殊に危険なのは、病人にはきくだろうけれども私は正常だし、病人にはされたくない、という意見である。これは、すでに何度も強調したように、夢の心理学の基礎が病気の人についての経験に基づいているだけに、殊に誘惑的な意見である。しかし病んだ魂もなお人間的なものであり、ただ病気のせいで心的な合法則性がいわば顕微鏡で観察できるだけである。生理学も臨床的病理学から決定的な刺激を受けたし、臨床の側では再びその推定を実証したり訂正したりした。いずれにせよ生理学によって病気になった人はまだいない。

夢仮説に対してなお多くの反論を挙げることができようが、それは無益なように思われる。なぜなら、つまり、そのような反論は、分析においてそれなしに済ますわけにはいかない最後の手管をまた再び用いて、次のように言えるからなのである。目醒めた際に見るからに満足して、幸い「ただの夢」であったと言うのが常であるものに対してさえも責任を負うことを道徳的に拒否しているというのである。しかし自己認識は至高の道徳的要求である。もっともそれが何に由来するかは心理学者に問うべきことではない。私が仮に頼んだとしても、せいぜいのところ心理学者は私の頼みの役に立とうと道徳的に義務づけられる位である。自分で経験した時にはじめて、心理学者はこの義務に応じることができる。なぜなら、これから述べることが大事なことなのだが、自分の夢を引き受けるだけでは十分ではなくて、決定的なのは生の材料から得られた認識との意識的対決をある限りの力を用いて行うことで、そうすればライプニッツ的な意識微分〔一一七ページ参照〕がついに広大な意識に統合されるであろう。

形を造ったり形を変えたり、
永遠なる意味の永遠なる遊び〔『ファウスト』、六二八七〕

原注

※　ここでゲーテはプルキンエを引用している。＊24参照。

＊1　C. G. Jung, The Psychology of Dreams, Kapitel xii der《Collected Papers on Analytical Psychology》, London 1916, pp. 299–311.

id., Allgemeine Gesichtspunkte zur Psychologie des Traumes, in:《Über die Energetik der Seele》(Psychol. Abh. ii), Zürich 1925, und Ges. Werke Bd. 8.

id., Die praktische Verwendbarkeit der Traumanalyse, in:《Wirklichkeit der Seele》, Zürich 1934, und Ges. Werke Bd. 16.

id., Vom Wesen der Träume, Ciba Z. Nr. 99, Basel 1945, pp. 3546–3557, und Ges. Werke Bd. 8.

＊2　Calvin S. Hall und Robert van der Castle, The Content Analysis of Dreams, New York 1966.

＊3　S. Freud, Die Traumdeutung, Leipzig und Wien 1900.（邦訳、フロイト著、高橋義孝訳、『夢判断』フロイト著作集2、人文書院）

＊4　C. A. Meier, A Jungian View, in:《Dream Psychology and the New Biology of Dreaming》, ed. Milton Kramer, Springfield iii. 1969. 参照

＊5　W. V. Siebenthal, Die Wissenschaft vom Traum, Berlin 1953.

＊6　E. Aserinsky und N. Kleitman, Regularly occurring periods of eye motility and concomitant phenomena during sleep, in: Science 118: pp. 273–274, 1953.

＊7　W. Dement und N. Kleitman, Cyclic Variations in EEG during Sleep and their relation to eye movements, bodily motility and dreaming, in: Electroenceph. Clin. Neurophysiol. 9, pp. 673–690, 1957.

＊8　Niels Bohr, Licht und Leben,《Die Naturwissenschaften》, 21, p. 245 ff., Berlin 1933.

＊9　W. Pauli, Die philosophische Bedeutung der Idee der Komplementarität, Experientia, VI/2, Basel 1950, p. 72ff.

＊10　Fr. Wilh. Jos. von Schelling, Werke I, 3, Augsburg 1858, p. 600.

＊11　E. Kraepelin, Die Sprachstörungen im Traum, Leipzig 1906.

＊12　K. Leonhard, Die Gesetze des normalen Träumens, Leipzig 1939 und 1952.

＊13　R. Bossard, Psychologie des Traumbewußtseins, Zürich 1951.

＊14　C. G. Jung, Traumsymbole des Individuationsprozesses, Eranos Jb. 1935, FN. 1, p. 131, Zürich 1936, und Ges. Werke Bd. 12.（邦訳、ユング著、池田紘一・鎌田道生訳、『心理学と錬金術』I、人文書院、所収）

＊15　C. G. Jung, Psychologie und Alchemie, Zürich 1944, und Ges. Werke Bd. 12.（邦訳、前掲書、I・II）

＊16　筆者はすでに《Antike Inkubation und moderne Psychotherapie》Zürich 1949（邦訳、マイヤー著、秋山さと子訳、『夢の治癒力』筑摩書房）において、拡充の古典的な例を示した。

＊17　K. Kerényi, Mythologie der Griechen, Zürich 1951.（邦訳、ケレーニイ著、植田兼義訳、『ギリシアの神話』中公文庫）id. Die Heroen der Griechen, Zürich 1958.

＊18　W. H. Roscher, Ausführliches Lexikon der griechischen und römischen Mythologie, Leipzig 1884–93.

＊19　＊16に挙げた拙著も参照されたい。

＊20　我々のゲオルグ。聖ゲオルグも、中近東の原セム民族によって、マール・ジルジとして不妊の治療に役立つとみなされていた。
S. J. Curtiss, Ursemitische Religion im Volksleben des heutigen Orients, dtsch. von W. Graf Baudissin, Leipzig 1903, p. 123. 参照。

＊20a　Heinrich Zimmer, Abenteuer und Fahrten der Seele, Zürich 1961, p. 249ff.

＊21　これについて詳しくは、アスクレピオスについての前掲書〔＊16〕参照。大地的な治癒神であるアスクレピオスは

ポセイドンに非常に類似しており、アスクレピオスの主たる属性である蛇も、ポセイドンの三叉の矛と同じようにファロス的である。

＊22　詳しくはC. G. Jung und W. Pauli: Naturerklärung und Psyche, Zürich 1952. 参照。（邦訳、ユング・パウリ著、河合隼雄・村上陽一郎訳、『自然現象と心の構造』海鳴社）

＊22a　Judd Marmor, Limitations of Free Association, Arch. Gen. Psychiat., 22, pp. 160–65, 1970.

＊22b　id. Psychoanalytic Therapy as an Educational Process, in Masserman, J. (ed.) Science and Psychoanalysis, vol. 5, p. 286ff., New York 1962.

＊22c　id. Psychoanalytic Therapy and Theories of Learning, ibd. vol. 7, p. 265 ff., New York 1964.

＊22d　S. Freud, Selbstdarstellung. 2. Aufl. p. 54, Wien 1936.（邦訳、フロイト著、懸田克躬訳、『自己を語る』フロイト著作集4、人文書院、所収）

＊23　Betty Heimann, Die Tiefschlafspekulation der alten Upanishaden, in: Untersuchungen zur Geschichte des Buddhismus VII, p. 20, Zs. f. Buddhismus, München 1922.

＊24　J. E. Purkinje, Wachen, Schlaf und verwandte Zustände, in: Handwörterbuch der Physiologie mit Rücksicht auf physiologische Pathologie, ed. Rudolf Wagner III/2, pp. 412–480, Braunschweig 1846.

プルキンエは当時の最も重要な生理学者、病理学者で、以下のような記述で国際的名声を受けた。

1、網膜血管（プルキンエ血管形）
2、鳥の卵における子葉（プルキンエ胚盤胞）
3、プルキンエ現象。つまり、暗くなると他の色に比べて青色が主観的には鮮明に見えること。
4、小脳の神経節細胞（プルキンエ細胞）
5、神経繊維の軸索

後でも再びプルキンエを取り上げることになろう。視覚に関するプルキンエの仕事は画期的で、一八一九年にそれと集中的に取り組んだゲーテによって非常な称賛を受けた。

＊25 Ian Oswald, Sleeping and Waking, Amsterdam/New York 1962.

＊26 S. Freud, Die Traumdeutung, 8. Aufl., Leipzig und Wien 1930, p. 16.（邦訳、フロイト著、『夢判断』フロイト著作集２、人文書院、二六ページ）

＊27 P. Jessen, Versuch einer wissenschaftlichen Begründung der Psychologie, Berlin 1856.

＊28 G. F. Meier, Versuch der Erklärung des Nachtwandelns, Halle 1758.

＊29 A. Maury, Le sommeil et les rêves, Paris 1861.

＊30 S. Freud, ibd. p. 18.（邦訳、前掲書、二八ページ）

＊31 A. Maury, ibd. p. 139f., 3. Aufl., Paris 1865.

＊32 Heinrich Spitta, Die Schlaf- und Traumzustände der menschlichen Seele, Freiburg i. B. 1892, 2. Aufl., p. 283.

＊33 Georg Jacob, Märchen und Traum, Hannover 1923. 参照。

※ つまり一九五年がいわば一夜に収縮したのである。

＊34 John Mourly Vold, Über den Traum, 2 Bde., ed. O. Klemm, Leipzig 1910 und 1912.

＊35 S. Freud, Die Traumdeutung, 8. Aufl., Leipzig und Wien 1930, p. 28.（邦訳、フロイト著、『夢判断』フロイト著作集２、人文書院、三九ページ）

＊36 S. Freud, ibd. p. 22ff.（邦訳、前掲書、三三ページ以下）

＊37 S. Freud, ibd. pp. 22–23.（邦訳、前掲書、三三ページ）

＊38 Johannes Müller, Über die phantastischen Gesichtserscheinungen, Coblenz 1836, neu herausgegeben mit einem Kommentar von Ulrich Ebbecke, Hannover 1951, und als Neudruck bei Werner Fritsch München 1967.

＊39 彼の著した《Psychology》, London 1894. は長い間に渡って定評のある教科書であった。

＊40 George Trumbull Ladd, Contribution to the Psychology of visual Dreams, in:《Mind》, April 1892.

＊41 Herbert Silberer, Symbolik des Erwachens und Schwellensymbolik überhaupt, in: Jb. psychoanal. psychopathol. Forschgg. iii. p. 621ff., Leipzig und Wien 1912.

＊42 ibd. p. 625.
＊43 Herbert Silberer, Der Traum, Stuttgart 1919, p. 10f.
＊44 Ludwig Strümpell, Die Natur und Entstehung der Träume, Leipzig 1874, p. 107.
＊45 S. Freud, ibd. p. 25.（邦訳、前掲書、三五ページ）
＊46 Karl Schrötter, Experimentelle Träume, Zbl. Psychoanal. II, Wiesbaden 1912, pp. 638–646.
＊47 K. Schrötter, l. c. pp. 638 und 641.
＊48 K. Schrötter, l. c. pp. 644 und 645.
＊49 K. A. Scherner, Das Leben des Traumes, Berlin 1861.
＊50 ibd. p. 242.
＊51 ibd. p. 116.
＊52 ibd. p. 118f.
＊53 ibd. p. 120.
＊54 ibd. p. 123.
＊55 ibd. p. 121f.
＊56 ibd. p. 207.
＊57 ibd. p. 166.
＊58 J. G. Graber und J. G. Gichtel, Eine kurtze Eröffnung und Anweisung Der dreyen Principien und Welten Im Menschen, In unterschiedli chen Figuren vorgestellet, o. O. 1696.
＊59 Tobia Nerol, Sepher Haolamoth sive Opus encyklopaedicum triper titum Hebraice. Venedig 1707–08. ネロルは、ドイツの大学（フランクフルト アン デル オーデル）に入ることを許された最初のユダヤ人であった。また彼は初めて、『プリカ・ポロニカ』（糾髪症）のことを記述した。
＊60 Ottavio Scarlatini, Dell'huomo figurato e simbolico, Bologna 1684. これには、Carl Hentze, Das Haus als Weltort der

Seele, Stuttgart 1961. も参照のこと。

＊61　C. G. Jung, Assoziation, Traum und hysterisches Symptom=Diagnostische Assoziationsstudien VIII. in: Journ. Psychol. Neurol. Bd. 8, Leipzig 1906, pp. 25–60 (Ges. Werke Bd. 2).

＊62　C. A. Meier, Die Empirie des Unbewußten, Zürich 1968, pp. 144–146.

＊63　H. Silberer, Lekanomantische Versuche, in: Zbl. Psychoanal. II, pp. 383ff., 438ff., 518ff. und 566ff., Wiesbaden 1912.
id. Zur Charakteristik des lekanomantischen Schauens, in: Zbl. Psychoanal. III, pp. 73ff. und 129ff., Wiesbaden 1912.

※　ジルベラーは、《Probleme der Mystik und ihrer Symbolik》, Wien und Leipzig 1914. によって、ユングの先駆者でもある。なぜなら彼はこの本の中で、初めて錬金術的象徴性を扱ったからである。

＊64　H. Silberer, Zur Charakteristik des lekanomantischen Schauens, Zbl. Psychoanal. III, p. 76, Wiesbaden 1912.

＊65　H. Silberer, ibd., pp. 97–98.

＊66　C. A. Meier, H. Rüf, A. Ziegler und C. S. Hall, Forgetting of Dreams in the Laboratory, Perceptual and Motor Skills, 1968, 26, pp. 551–557.

＊67　C. S. Hall und R. L. van de Castele, The Content Analysis of Dreams, New York 1966.

＊68　C. A. Meier, Antike Inkubation und moderne Psychotherapie, Zürich 1949.（邦訳、マイヤー著、秋山さと子訳、『夢の治癒力』筑摩書房）参照。

＊69　C. G. Jung: Synchronizität als ein Prinzip akausaler Zusammenhänge, in: Naturerklärung und Psyche, Zürich 1952, und Ges. Werke Bd. 8.（邦訳、ユング・パウリ著、河合隼雄・村上陽一郎訳、『自然現象と心の構造』海鳴社、所収）

＊70　J. T. Shurley, Profound Experimental Sensory Isolation, Am. Journ. Psychiat. 117 : 539, 1960.

※　十以上の全く異なる文化における夢の役割については、かなり入手しやすい次の論文集が今日では存在している。《The Dream and Human Societies》, ed. G. E. von Grunebaum und Roger Caillois, Berkeley and Los Angeles 1966.

＊71　A. Leo Oppenheim, The Interpretation of Dreams in the Ancient Near East, Transact. Amer. Philos. Soc., New Series, vol. 46, part 3, Philadelphia 1956.

＊72 E. L. Ehrlich, Der Traum im Alten Testament, Beihefte zur Zs. atliche. Wissenschaft, 73, Berlin 1953.

＊73 H. Schär, Bemerkungen zu Träumen der Bibel, in:《Traum und Symbel》, neuere Arbeiten zur analytischen Psychologie C. G. Jungs, ed. C. A. Meier, Zürich 1963, p. 171ff.

＊74 Ramanuja, Siddhanta, Ein Kommenter zu den Brahmasutas. これはルドルフ・オットーによる翻訳 Religiöse Stimmen der Völker. Die Religion des alten Indien III/II, Jena 1917. によってその内容を知ることができる。

＊75 E. Abegg, Indische Psychologie, Zürich 1945.

＊76 Julius von Negelein, Der Traumschlüssel des Jagaddeva, Religions geschichtliche Versuche und Vorarbeiten, ed. R. Wünsch und L. Deubner, XI/4, Gießen 1912.

＊77 これについては、ギリシャにおける類似したモチーフについての筆者による記述を参照されたい。C. A. Meier, Antike Inkubation und moderne Psychotherapie, Zürich 1949.（邦訳、マイヤー著、秋山さと子訳、『夢の治癒力』筑摩書房）

＊78 Mary Hamilton, Incubation or the Cure of Disease in Pagan Temples and Christian Churches, London 1906.

＊79 C. A. Meier, Zeitgemäße Probleme der Traumforschung, Kultur Staatswiss. Schrr. ETH, 75, Zürich 1950, p. 19.

＊80 F. A. Wolf, Vermischte Schriften und Aufsätze in lateinischer und deutscher Sprache, Halle 1802, p. 385.

＊81 Karl Reinhardt, Platons Mythen, Bonn 1927. 参照。これは非常に推薦に値する本で、例えば（四六ページに）、ここでのテーマに添っている次のようなことばが見られる。「なぜなら、魂自身が魂についての思索に沈んでいけばいくほど――プラトンにおいてこの動きが全くなくなることは決してない――、魂についての思索はそれ自身魂―神話となる」

＊82 Cicero, Gedanken über Tod und Unsterblichkeit, ed. Klaus Reich, Hans Günter Zekl, Klaus Bringmann, Bd. 273, Hamburg 1969. これよりも次の版の方がよい。Raffaello del Re, M. T. Ciceronis Somnium Scipionis, in:《Nova biblioteca dei Classici Greci e Latini》, ed. G. Ugolini, Firenze 1962.

＊83 Collection des auteurs latins, ed. M. Nisard, Paris 1883.

＊84 Wm. Harris Stahl, Macrobius, Commentary on the Dream of Scipio, New York 1952.

＊85　MATTHAEUS SCHEDLER, Die Philosophie des Macrobius und ihr Einfluß auf die Wissenschaft des christlichen Mittelalters. Beiträge zur Geschichte der Philosophie des Mittelalters, Texte und Untersuchungen, ed. Clemens Baeumker XIII I, Münster i. W. 1916.

＊86　HUGO LINKE, Über Macrobius' Kommentar zu Ciceros Somnium Scipionis, in:《Philol, Abh.》, Martin Hertz zum 70. Geburtstag von ehemaligen Schülern dargebracht, Berlin 1888, pp. 240–256.

＊87　MAURICE HENRY-COUANNIER, Saint François de Sales et ses amitiés, 5 me édition, Paris-Bruxelles 1956, p. 281 f.

＊88　MIGNE, Patrol. Graec. Lat. tom. 66, 1281 ff.

＊89　RICH. VOLKMANN, Synesius von Kyrene, Berlin 1869.

＊90　JOH. GEFFCKEN, Der Ausgang des griechisch-römischen Heidentums, Heidelberg 1920.

＊91　W. LANG, Das Traumbuch des Synesius von Kyrene, Tübingen 1926. 今日における最もよい叙述は次の本である。C. LACOMBRADE, Synesios de Cyrène, Paris 1951.

※　彼の人格は GEORG GRÜTZMACHER, Synesios von Kyrene. Ein Charakterbild aus dem Untergang des Hellenentums, Leipzig 1913. において生々と描かれている。それに対して、時間の問題との彼の苦闘は、シュテファン・アンドレが Die Versuchung des Synesios, München 1971. という小説を書くきっかけとなった。これと同じことは、チャールズ・キングスレー（一八一九～一八七五）の『ヒュパティア』（一八五三）という小説についてもいえる。

＊92　A. LUDWIG, Die Schrift《περὶ ἐνυπνίων》des Synesius von Kyrene, in: Psychische Studien XLIII/2–3, Leipzig 1916.

＊93　R. REITZENSTEIN, Die hellenistischen Mysterienreligionen 3. Aufl., Leipzig 1927.

＊94　H. LEISEGANG, Pneuma hagion; der Ursprung des Geistbegriffs der synopt. Evangelien aus der griech. Mystik, Leipzig 1922.

＊95　これについては、筆者の論文《Psychosomatik in Jungscher Sicht》, Psyche 10, 1962, p. 633. 参照。

＊96　夢のこのような側面については、すでにテリトリアヌスが『デ・アニマ』の第四六章において取り扱っている。そこには、微細で光のようなものとしての「魂身体」についての興味深い詳論が見られる。

＊97　この勧めは、すでにアエリウス・アリスティデスの hieroi logoi I, 3. において見られる。

＊98　この確信にはトーテミズムのなごりがある。リックス・ウェーバーから聞いたところによると、オーストラリアの北西部の原住民は、夢でトーテムの動物がいつもと違う振舞をした時には、いつもそれを悪い兆候として受けとめる。

＊99　Sir John Woodroffe, The Garland of Letters, 3. Aufl., Madras 1955.

＊100　C. G. Jung, Ein Beitrag zur Kenntnis des Zahlentraumes, Zbl. Psychoanal. i. Wiesbaden 1911, pp. 567–572. 及び Ges. Werke Bd. 4.

※　これについては、René Allendy, Le symbolisme des nombres, Paris 1921. 及び Oskar Fischer, Orientalische und griechische Zahlensymbolik, Leipzing 1918. 参照。さらにはイタリアにおける「ロットの占い」も参照のこと。これはまさに「落ちぶれた文化財」で、ラテンアメリカの諸国ではいまだに人気を集めている（例えばブラジルにおける「ビチョ」遊び）。

＊101　Artemidori Daldiani, Onirocritcon Libri v, ed. Roger A. Pack, Bibliotheca Teubneriana, Leipzig 1963.

＊102　Artemidoros aus Daldis Symbolik der Träume. Übersetzt und mit Anmerkungen begleitet von Friedrich S. Krauss, Wien, Budapest, Leipzig 1881. この翻訳は M. Kaiser, Basel/Stuttgart 1965. によって新たに手を加えられ、補足された。

＊103　Nolan D. C. Lewis and Carney Landis, Freud's Library, in The Psychoanalytic Review, Vol. 44, 3, p. 351, USA 1957.

＊104　C. A. Meier, Antike Inkubation und moderne Psychotherapie, Zürich 1949.（邦訳、マイヤー著、秋山さと子訳、『夢の治癒力』筑摩書房）

＊105　R. Herzog, Die Wunderheilungen von Epidauros, Philologus, Supplementband xxii, Heft iii, Leipzig 1931.

＊106　A. Schopenhauer, Versuch über Geistersehen und was damit zusammenhängt (Parerga und Paralipomena).

＊107　Darius del Corno, Graecorum de re oneirocritica scriptorum reliquiae, Testi e documenti per lo studio dell'Antichità, vol. xxvi, Milano 1969.

＊107a　Lynn Thorndike, A History of Magic and Experimental Science, vol. II, p. 161 ff., New York 1929. 参照。

＊108　Girolamo Cardano, Somniorum Synesiorum, omnis generis insomnia explicantes, libri iv, Basel 1562.
彼の重要な夢は、次にあげるカルダヌスの自伝の独訳で見ることができる。Hermann Hefele《Des Girolamo Cardano von Mailand (Bürgers von Bologna) eigene Lebensbeschreibung》, Jena 1914. この自伝の原題は、《De propria vita liber》,

Gent 1654. である。これのイタリア語訳は手に入りやすい。Gerolamo Cardano, Autobiografia, ed. P. Franchetti, Universale Einaudi Nr. 57, Turin 1945.

＊109 I. P. V. Troxler, Blick in das Wesen des Menschen, 1812.

＊110 C. A. Eschenmayer, Psychologie in drei Theilen, Stuttgart und Tübingen 1822, P. 227.

＊111 J. K. F. Rosenkranz, Psychologie oder die Wissenschaft vom subjektiven Geist, 1837, 2. Aufl., Königsberg 1843.

＊112 J. H. Fichte, Psychologie, Leipzig 1864.

＊113 C. G. Carus, Vorlesungen über Psychologie, ed. Edgar Michaelis, I. Aufl, 1831, neue Ausgabe Zürich 1931.

＊114 C. G. Carus, ibd., p. 293.

＊115 S. Freud, l. c.

＊116 W. von Siebenthal, Die Wissenschaft vom Traum, Berlin 1953.

＊117 F. Splittgerber, Schlaf und Tod, Halle 1865.

＊118 J. E. Purkinje, I. c., p. 467.

＊119 Kock, Com. Att. Frag, II, p. 442, Mnesimachos no. II. 参照。

＊120 H. Spitta, Die Schlaf- und Traumzustände der menschlichen Seele, Freiburg i.B. 1877.

＊121 P. Radestock, Schlaf und Traum, Leipzig 1879.

＊122 Ph. Lersch, Der Traum in der deutschen Romantik, München 1923.

＊123 A. Béguin, L'âme romantique et le rêve, Paris 1937, 2. Aufl. 1963.（邦訳、ベガン著、小浜俊郎・後藤信幸訳、『ロマン的魂と夢』国文社）

＊124 J・H・ジャクソンは、殊に彼にちなんで名づけられたジャクソンてんかんで有名である。

＊125 O. Andersson, Studies in the Prehistory of Psychoanalysis, Norstedts 1962, p. 106ff.

＊126 Selected Writings of J. H. Jackson, ed. James Taylor, 2 Bde., London 1958.

＊127 ibd., Bd. 2, p. 45ff.

＊128 ibd., p. 71.

＊129 P. Janet, L'état mental des hystériques, Paris 1893/94.

＊130 P. Janet, Les oscillations du niveau mental, in: Nouveau traité de psychologie, Tome IV, F. 3, Paris 1937.

＊131 P. Janet, L'état mental des hystériques, p. 543.

＊132 P. Janet, Les oscillations du niveau mental, p. 404.

＊133 M. Prince, The Dissociation of a Personality, London 1905.

＊134 A. Huxley, The Devils of Loudun, London 1952, P. 344, vgl. auch p. 345.

＊135 C. G. Jung, Allgemeines zur Komplextheorie, Kultur- und staatswissenschaftliche Schriften der ETH Nr. 12, Zürich 1934, und Ges. Werke Bd. 8.

＊136 C. G. Jung, Vom Wesen der Träume, Ciba-Z. Nr. 99, pp. 3546–3557, Basel 1945, und Ges. Werke Bd. 8.

＊137 C. G. Jung, Über psychische Energetik und das Wesen der Träume, Zürich 1948, p. 253, und Ges. Werke Bd. 8.

＊138 F. Nietzsche, Die Geburt der Tragödie, 1870/71.（邦訳、ニーチェ著、塩屋竹男訳、『悲劇の誕生』理想社）

＊139 F. Nietzsche, Menschliches, Allzumenschliches I. 12.（邦訳、ニーチェ著、池尾健一訳、『人間的、あまりに人間的Ⅰ』理想社）

＊140 Aristoteles, Politeia. VIII, 1344ff.

＊141 C. A. Meier, Zeitgemäße Probleme der Traumforschung, Kultur und staatswissenschaftliche Schriften der ETH, Nr. 75. Zürich.

＊142 A. Stahr, Aristoteles und die Wirkung der Tragödie, Berlin 1859.

＊143 A. Silberstein, Die Katharsis des Aristoteles, Leipzig 1867.

＊144 J. Bernays, Grundzüge der verlorenen Abhandlung des Aristoteles über Wirkung der Tragödie, Breslau 1857, jetzt in Neudruck bei Georg Olms, Hildesheim 1970.

＊145 ibd. p. 42.

＊146 ibd. p. 12.
＊147 拙著 Antike Inkubation und moderne Psychotherapie, Zürich 1952.（邦訳、『夢の治癒力』）参照。
＊148 Bernays l. c. p. 60. による引用。
＊149 ibd., p. 69/70.
＊150 Talmud babli (Tr. Berachoth 55a).
＊150a Friedrich Nietzsche, Morgenröte, II, 128.（邦訳、ニーチェ著、茅野良男訳、『曙光』理想社）
＊151 広義での補償という概念がユング心理学において演じる様々な役割については、次の論文の中で詳細に論じられている。David Hart, Der tiefenpsychologische Begriff der Kompensation, Zürich 1956, p. 86ff. (Zürcher Diss.).
＊152 C. G. Jung, Psychologische Typen, Zürich 1921, p. 674, und Ges. Werke Bd. 6.（邦訳、ユング著、林道義訳、『タイプ論』みすず書房）
＊153 Erwin Rousselle, Seelische Führung im lebenden Taoismus, Eranos Jb. 1933, Zürich 1934, p. 135ff. 参照。
＊154 C. G. Jung, Psychologie und Religion, Zürich 1940; ursprünglich: Psychology and Religion, New Haven, publiziert 17. 3. 1938, und Ges. Werke Bd. II.
＊155 L. Frobenius, Das Zeitalter des Sonnengottes, Berlin 1904.
＊156 Anmerkungen zu den Kinder- und Hausmärchen der Brüder Grimm, neu bearbeitet von Johannes Bolte und Georg Polivka, Berlin 1915–1937, 5Bde.
＊157 C. G. Jung, Vom Wesen der Träume, Ciba-Z., Nr. 99, p. 3546, Basel 1945, und Ges. Werke Bd. 8.
＊158 C. A. Meier, Ancient Incubation and Modern Psychotherapy, Evanston 1967, p. 67/68.（邦訳、マイヤー著、秋山さと子訳、『夢の治癒力』筑摩書房）
＊159 R. Wilhelm und C. G. Jung, Das Geheimnis der goldenen Blüte, München 1929, p. 142.（邦訳、ヴィルヘルム・ユング著、湯浅泰雄・定方昭夫訳、『黄金の華の秘密』人文書院）
＊160 筆者の所有している手稿。（訳者あとがき参照）

＊161 これに関しては、次の非常に読む価値のある本参照。Jule Eisenbud, PSI and Psychoanalysis, Studies in the Psychoanalysis of Psi-conditioned Behavior, New York und London 1970.

＊162 J. W. Dunne, An Experiment with Time, London 1927.

＊163 id. The serial Universe, London 1934.

＊164 C. G. Jung, Zur Psychologie und Pathologie sogenannter occulter Phänomene, Leipzig 1902, und Ges. Werke Bd. I.

＊165 L. Ginzberg, The Legends of the Jews, Vol. II, p. 691, Philadelphia 1954.

＊166 この指摘は、リヴカー・クルーガー＝シェルフ女史の好意のおかげである。

＊167 C. A. Meier, Spontanmanifestationen des kollektiven Unbewußten, Zbl. f. Psychother. II, Leipzig 1939, pp. 284–303. 参照。

＊168 E. Servadio, Ein paranormaler Traum in der analytischen Situation. Zs. Parapsychol. Grenzgeb. Psychol. I, Bern 1957/58, pp. 155–165.

＊169 I. Ehrenwald, New Dimensions of Deep Analysis, London 1954.

＊170 C. A. Meier, Psychosomatic Medicine from the Jungian Point of View, in Journ. Anal. Psychol. 8, London 1963, pp. 103–121.

＊171 C. G. Jung, Erinnerungen, Träume, Gedanken, Zürich 1962, p. 159/160.（邦訳、ユング著、河合隼雄他訳、『ユング自伝』みすず書房）

＊172 C. G. Jung und W. Pauli, Naturerklärung und Psyche. Studien aus dem C. G. Jung-Institut, Bd. IV, Zürich 1962.（邦訳、ユング・パウリ著、河合隼雄・村上陽一郎訳、『自然現象と心の構造』海鳴社）

＊173 C. A. Meier, l.c.

＊174 I. Ehrenwald, l.c.

＊175 J. Gotthelf, Jakobs Wanderungen, 16. Kap., Lützelflühe 1842.

＊176 Léon Bertin, Eels, A Biological Study, London 1956,（Les Anguilles, Payot, Paris. の英訳）も参照。

＊176a Herbert Silberer, Zur Frage der Spermatozoenträume, Jb. Psychoanal. psychopathol. Forschungen, Leipzig/Wien 1912, IV, pp. 708–740.

*177 『コリント人への第一の手紙』一–一三

訳注

＊1　訳者あとがき参照。
＊2　経験的事実に基づいて。ア・プリオリの反対。
＊3　ニコデモスはイエスに新生について理性的に向うていく（ヨハネ、三）。ニコデモス的問いは合理的にたて超越的な意味を明らかにすることはできない。
＊4　訳者あとがき参照。ここでは殊に、言い間違いなどの失錯行為のことをさしている。
＊5　量子力学における概念。素粒子の位置と運動量を同時に正確に定めることはできない。同様のことは時間とエネルギーについても言える。
＊6　海の女神。アンピトリテとの結婚によって、ポセイドンは海の支配者となった。
＊7　論理学の用語。連鎖推理の一種で、先立つ命題の賓辞（述部）が、次に続く命題の主辞となる。
＊8　ハックスリー自身がメスカリンを服用した体験に基づいて著した『知覚の扉』のことをほのめかしている。
＊9　皇帝伝説の特別な型で、フリートリッヒ二世がキフホイザーに住んで、帰還を待っているというもの。後にはこの伝説は、フリートリッヒ一世バルバロッサに移ってきた。
＊10　マイヤーはここで示唆するにとどめているが、この第三のものというアイデアを大胆に推進することによって、ロバート・スタインの心身症についての考え（Spring 1976）や、ヒルマンの夢やイメージについての独創的な見方が発展してきたと言える。ヒルマンにおいてイメージの世界は、身体（ソーマ）にも精神（プネウマ）にも基づくのでない、魂（プシケー）に固有の世界となる。

＊11　言い間違いなどの失錯行為のことを暗示している。
＊12　これはヒルマンが冥界をグレート・マザーのIの世界から区別して、夢を冥界に固有のものであるとするのと、大いに意見を異にしている。Hillman, J.: The dream and the underworld. Harper & Row: New York 1979. 参照。
＊13　訳注＊12参照。
＊14　フランス南部の聖地で、一八五八年、羊飼の娘ベルナデットがここの洞窟で聖母マリアの顕現を体験した。病気を癒やす泉があって、巡礼者を多く集めている。
＊15　訳注＊12におけるヒルマンの著書参照（pp. 14–16）。
＊16　そこでは、連想実験で確かめられたコンプレックスが夢のいわば核をなすこと、夢がコンプレックスの最も「正常な」顕現の場であることが述べられている。
＊17　一八七九年に出版された、南ドイツの美学者、哲学者のヴィシャーの半自伝的小説。語り手はイタリアで、日常の悪魔と戦っていると信じている変人に出会う。つまり悪魔は、様々な道具がうまく作用しないこと（無生物の悪意）や、身体の不調として現れるのである。
＊18　紀元前二世紀のローマの喜劇詩人。
＊19　解説参照。
＊20　これはすでにユング全集の別巻として出版されている。訳者あとがき参照。
＊21　ミッドラーシュは、旧約聖書に暗示されているテクスト解釈の方法と、それに従っての説教から発展してきたユダヤ文学。ミッドラーシュ・ハガドルは、法規定に関係しない、狭義でのミッドラーシュをさす。

解説

本書は、C. A. Meier, Die Bedeutung des Traumes, Walter-Verlag, 1972. の全訳である。これは、『C・G・ユングのコンプレックス心理学のテキスト』（原題）として全四巻（順次、訳書を刊行の予定）にわたって書かれたものの第二巻である。

現代のわが国においては、夢に関心をもつ人が相当に多くなり、夢に関する本も最近はよく出版されるようになった。夢の本などと言うと、どうせまやかしであろうとか、興味本位のものだ、などと考える人も少なくなったと思われる。本書は長年にわたって、夢の分析を職業としてきたと言ってもいい、ユング派の長老の分析家、C・A・マイヤーが夢と真剣に取り組んできた経験に基づいて書いたものである。夢、及び、無意識について関心をもつ人が読まれて大いに参考になるものである。よくまとまった本で別に解説を付すほどのこともないと思うが、少しでも本書の手引きとして役立ちそうなことを記してみたい。

著者のマイヤーは、ユングの高弟として自他共に許す人である。一九〇五年にスイスのシャッファウゼンに生まれ、チューリッヒ大学に学び、一九二九年に医学博士となる。一九三〇年より三六年まで、チューリッヒ大学附属の精神科病院のブルクヘルツリに勤務。一九三六年より個人開業をする。ユングとは最初から共に研究し、一九四八年にチューリッヒにユング研究所が設立されたときに初代の所長となり、一九五七年まで勤めた。一九四九年、ユングの跡をついで、チューリッヒ工科大学で教鞭をとるようになり、一九六一年には教授の称号を受ける。この経歴を見てもわかるとおり、ユング心理学の発展のために常に力をつくして来て現在に至り、今もなお分析家として、分析心理学会の長老として活躍している。

なお、私事にわたるが、一九六二年より六五年まで、私はマイヤー先生に分析を受けた。その後、多くの日本人がマイヤー先生に分析を受けたり、指導を受けたりしている。私が彼の分析を受けるようになった理由の一つは、私のアメリカでの最初の分析家、シュピーゲルマン博士がマイヤー先生の分析を受けていたためである。そのこともあって、すでに在米時代に、私はマイヤーのJung and Analytical Psychology（ユングと分析心理学）という、彼がアンドヴァー・ニュートン神学校で行った講義録を読み、その凄さに感心していたのだった。その本のなかで、きわめて印象的だったのは、彼のクライエントが思いがけない一連の夢を見てきたのに対し、それが死の準備の夢であることをはっきりと告げ、クライエントもそれに従って死ぬための準備をし、暫らくして病死したことが淡々と語られていることであった。当時は私もユング心理学の学びはじめだったので、夢の凄さ、分析家の凄さを示す事実として、強く印象に残ったのであった。

その講義録には、もちろん夢分析についても論じられており、その簡潔にして要を得た記述に感心させられた。そこに述べられていた「夢こそは治療的な神話（therapeutic Myth）である」などという言葉に、全く新しく思いがけない考えに触れる思いがして、感動したのを覚えている。

ところで、本書についてであるが、さすがに長い経験と博学とを背景にして書かれたものであるだけに、味わいの深いものになっている。マイヤーほどの人であれば、もっと思い切ったことも言えるであろうに、きわめて抑制のきいた姿勢を保持し、確実に言えるだけのことを言う、という態度が貫かれている。そのために、華やかさはないが、短い言葉のなかに多くのことがこめられているのが感じられる。

日本の高僧で『夢記』を書き残した、明恵上人は、そのなかに、「夢を畏《おそ》るべきこと」と書き記していて、それこそ夢に対する最も重要な態度であると思われる。マイヤーが本書に示している根本姿勢も、夢を畏れることと言えそうである。彼自身も言うように「約五万の夢の記録」をもち、夢に関する万巻の本を読んで、本書の冒頭に「今日もなおいかなる見通しもないのである」と言い切る姿勢に対して、深い感動をさえ覚えた。これは、「――の夢を見ると、――である」とか、「夢の象徴」について紋切型の解答を与えるような、いわゆる「夢判断」式の書物とは全く逆のものであり、そのような安易な期待をもって本書を読む人は、失望するだけのことであろう。

ユング派の分析家は一般的に言って、主観的な内的世界について語ることは得意であるが、時に外的現実の把握が弱くなる傾向がある。この点、マイヤーは本書にも示されているとおり、夢についての生理学的研究にも強い関心をもち、自ら研究を重ねているほどなので、夢に関するきわめて包括的なアプローチが示されているのが、本書の特徴となっている。

本書の最初に、方法論について述べていることは、先に述べた著者の外的、内的現実に共に目配りしていく態度をよく反映している。彼は現代の理論物理学についてもよく知っており、それに言及して、「主観／客観という関係において、その間の境界を豪胆に客観の方へ押しやることで、物理学においてはついに心へ、心理学においては物理学に突き当たるであろうことが推論できる」と述べているのは非常に示唆深い。今後の夢の研究が、思いがけぬ地平を開拓していくことを、予見している。

第二章の夢研究の方法において、「拡充法」について、見事な自験例をあげて説明しているのは、さすがにユング派の長老だけのことはある。拡充法について、「夢の内容を見た人の意識に結びつけるよりも、むしろ無意識の中にとどまることを求める」ものだと述べているのは、その本質を的確に表現していると感じられる。

夢研究の「実験的方法」についても、歴史的に多くの事実が語られる。これは第三章に述べられる「昔の夢理論」についても言えることであるが、現代においてわれわれが夢分析を行うとき、それに直接的には役立たないけれど、これらのことは最小必要限知っておくべきことと言っていいであろう。第四章からは、実際に役立つことが具体的に述べられているので、それまでの章は不要というのではなく、夢分析という仕事が、「いかなる見通しもない」状況のなかで行われるものだけに、われわれは一見不要と思われるようなものも身につけることによって、失敗を防ぐ心がけをもっていなくてはならない。

本書を章を追って読んでゆくと、第四章、第五章に至るまでの心の準備がうまく整っていくように、それまでの章が書かれている気がするのである。夢という手におえない対象に何らかの接近を試みるためには、この程度の防備はどうしても必要なのである。該博な知識をもった著者が、これだけはと思って選んだことを抑制の利いた筆で記述していることを、味わって読んで頂きたいものである。

現代における、レム期睡眠に対する実験をマイヤーは高く評価している。彼自身もいろいろ実験を重ねているが、その結果は本書のようなテキストに述べるまでに至っておらず、今後の見とおしを示唆するにとどめている。レム期が一晩のうちに繰り返されるうちに、その夢の内容が深くなっていく事実から、「我々が夜がふけるうちにますます自分自身へ、すなわち自分本来の心的問題と欲求へと心を向け、そして神話化を始める」と述べ、このようなときは「すべてがすべてとつながって」、「もはや心と体の間に明瞭な区別がなく、レム期には両方の組織が共通で中性なことばを語っているのではないかという疑いも生じる。そうすれば夢とレム期は昔から求められてきた身体と精神の間の第三のものに関係していることになり、また共時性というユングの厄介な原理にも関係している」と重要な発言をしている。

心身問題について、マイヤーはすでに一九六三年に「ユング派の観点から見た心身医学」という論文のなかで、心身症の問題は共時的現象として見るべきことを提唱している。これは当時としては画期的であったが、むしろ早きに失してあまり一般に注目されなかったのではなかろうか。早くからこのようなことに注目してきたマイヤーが、ここに引用したような点について、もう少し論を大胆に展開してくれたらと思うのだが、彼はテキストとしての本書では、これが限度と考えたのであろう。本書のなかの多くの短いセンテンスは、実に多くの考えるべき課題を内包しているのである。

第三章の「昔の夢理論」は、すでに述べたように、夢分析を行う者が一応は知っておくべきことである。それは昔のことではあっても、現代人に対しても示唆するところの多い点を、マイヤーはうまく要約して示してくれている。本書に引用されている、ヘラクレイトスの「目醒めている人々はただ一つの共通な世界をもっているけれども、眠りにおいては各自がそれから離れて、自分自身の世界に向かう」。あるいは、シネシウスの「ある者は起きている時に、またある者は眠っている時に教えられるという。しかし、目醒めている者に教えるのが人間であるのに対して、眠っている者に教えるのは神である」などの言葉は、現代に生きるわれわれにとっても意味あるものと感じられる。

インキュベーションについては、マイヤーは一九四九年に「古代のインキュベーションと現代の心理療法」を発表し、心理療法の本質を明らかにしたものとして話題となったが、それを踏まえて簡潔に要点を述べている。エピダウロスの聖域にあるベッドは「クリネー」と呼ばれ、これが今日の臨床（クリニック）という概念のもとであることが明らかにされている。われわれが現在、「臨床」の仕事を行う根本に存在するものとして、このことはよく銘記しておくべきであろう。

「インキュベーションは、開かれた心でギリシャを訪れるなら誰もがただちに気づくであろう何ものかの、ほんの一つの現れにすぎないように私には思われる。全土が今日もなお神話に満ち満ちており、古の神々は相変らず現前している」とマイヤーは言う。また、これらの聖地が「すべて申し分のない景勝の地にあった。これはマクロコスモスとミクロコスモスの間に調和を作り出すための重要な要素と考えられる」ことも指摘している。こんなのを読んでいると、われわれ日本人にとっては、この日本の土地がまさにそのような意味をもっているように思われてくるのである。われわれはそのような観点に立って、日本のことをいろいろ研究してみる必要がありそうである。

第四章については、あまり解説を要しないであろう。ユングの夢に対する説が手際よく述べられている。このなかで少し注目すべきところは、「典型的なモチーフ」について述べたなかで、統計的研究の可能性を示唆していることである。これは実際に行うとすると、いろいろと考慮すべき条件が多くて大変ではあるが、マイヤーも述べているように「すでに経験に基づいて」知っていることでも、相当に客観的データとして示せるのではないかと思われる。ライフサイクルのある特定の時期に、ある典型的モチーフがよく現れる。あるいはそのモチーフの現れ方のパターンが特徴的に変化することなどを、統計的に明らかにすることが出来そうに思われる。

第五章には「夢分析の技術」が箇条書きの形で述べられている。全く妥当なものであるが、慣れぬ人にとっては「5、分析中に生じた夢の場合には、事情によっては分析家の側の内容で作用を及ぼしているものも援用せねばならぬ」という箇条について、不思議に思われるかもしれない。しかし、マイヤーも「もっともこの種の現象例は日常においても、緊密な精神的関係や対話などに際して観察できることが多いので、このようなことはあまり不可解なわけでもあるまい」と言っているように、実際に割に生じる現象ではある。ともかく、夢分析をはじめるということは、分析者と被分析者との間に文字どおり「思いがけない」関係を生ぜしめることになるのだから、くれぐれも慎重にしなくてはならない。

なお、6番目に「客観的既往歴の調査の必要性」をあげ、「状況がこみ入っていたり不可解な時」や、分析家が何らかの疑いを抱く時に必要と述べていることは傾聴すべきことである。夢分析にはこのような注意も必要なのである。

続いてあげられている、マイヤーの自験例の夢シリーズ、及びそれに対する一応図式的に示された方法による検討結果は、夢分析のある種のスタンダードを示すものとして、価値がある。方法論の原則にはじまり、具体例をもってしめくくるまで、テキストとしての構成が全体的に適切に行われている。

なお、本書は最初にのべたようにテキスト全四巻中の第二巻であるが、その他も続いて訳書を出版の予定であり、次に、その書名を紹介しておく。

I、無意識の研究——ユングの連想実験を特に考察して——
III、意識
IV、人格論——ユングの類型論よりみた個性化の過程

これら全体で、ユング心理学のテキストになるのであるが、いかにもマイヤーらしい構成である。連想実験を重視するところや、ユングの個性化の過程を類型論によって説明しようとするところ、「意識」の問題を取り上げる点などに、マイヤーが内界のみならず、常に外的事実との照合を考えている態度がよく示されている。

ユング心理学が、特にアメリカにおいて一般化しすぎて、厳密な方法論や思考を抜きにしてひろがっていくのに対して、マイヤーはユング心理学の「科学的」な面をはっきりとさせたいという意欲をもっている。そ

のことがこの四巻にわたるテキストによく示されている。続いて出版の予定なので、あわせて読んで頂きたいと願っている。

河合　隼雄

訳者あとがき

本書は解説にも述べられているように、ユング派の分析家で、ユングの高弟として自他ともに許す、C・A・マイヤーが、ユング心理学のためのテキストとして全四巻にわたって出版したものの、第二巻である。

本書の序にマイヤーが書いているように、彼はユングのチューリッヒ工科大学教授の跡を継ぎ、その際に、ユングが夢分析について語った覚え書をもらったとのことである。これは、ユングが子どもの夢についてセミナーを行い、それに対する弟子たちとの質疑応答なども記録したもので、非公開でユング研究所でも分析家となる候補者になったものだけが借り出して読めるようになっていた。しかし、ユングの死後、相当の年数がたち、最近になって公刊された。このことについては、一七四ページにも言及されているが、マイヤーは当時、ユングの非公開の意志を守って、詳しい紹介を思いとどまっているのである。

現在は公開に踏み切られたが、このような非公開資料を託されたことは、マイヤーがユングによって後継者として見なされていたことを示すものと思われる。

本書の訳は早くから試みられた。しかし、訳者がチューリッヒ大学に留学。そこにおける学位論文の提出などによって、仕事が重なり、その上、監修者の多忙もあって、出版が大幅に遅れることになった。この間、辛抱強く待っていただいた、創元社の高橋輝次氏には、ここに感謝の気持を表したい。

訳者がチューリッヒに在住しているため、著者に直接にお会いして、疑問点を明らかにすることができたのは有難いことであった。訳者のこまごまとした質問に答えて下さったマイヤー先生に、感謝している。

本書の内容については、解説にすでに述べられているので、ここに繰り返す必要はないだろう。マイヤーの豊富な夢分析の体験と、該博な文献的知識がコンデンスされ、テキストとして述べるべき最小必要限度に、よくまとめられている。

わが国においても、夢分析を試みる人が急激に増加しているとのことである。本書がそれらの人たちに対して、テキストとして役立つならば真に幸いなことである。

一九八九年三月

河合　俊雄

U

Uslar, D., Der Traum als Welt; Untersuchungen zur Ontologie und Phänomenologie des Traumes. Pfullingen 1964, 335 S.

V

Vaschide, N., *Le sommeil et les rêves*. Paris 1911, 305 S.

Veronese, F., *Saggio di una fisiologia del sonno, del sogno e dei processi affini*. Reggio-Emiliana 1910, 84 S.

Vetter, A., *Die Zeichensprache von Schrift und Traum*. Freiburg/München 1970, 328 S.

Vischer, F. Th., *Auch Einer*. 2 Bde., 1879.

Vold, J. M., *Über den Traum*. Leipzig 1910 und 1912, 879 S.

Volkmann, R., *Synesius von Kyrene*. Berlin 1869.

W

Webb, W. B., *Sleep: An experimental Approach*. New York/London 1968, 250 S.

Weill, A., *Qu'est-ce que le rêve?* Paris 1872, 72 S.

Weiss, H. B., *Oneirocritica americana*. New York 1944, 35 S.

Wilhelm, R. und Jung, C. G., *Das Geheimnis der Goldenen Blüte*. München 1929, 161 S.

Wolf, F. A., Vermischte Schriften und Aufsätze in lateisnischer und deutscher Sprache. Halle 1802, 456 S.

Wolff, W., *The dream-mirror of conscience; a history of dream interpretation from 2000 B. C. and a new theory of dream synthesis*. New York 1952, 348 S.

Woodroffe, J., *The Garland of Letters*. Madras 1955, 296 S.

Z

Zimmer, H., *Abenteuer und Fahrten der Seele*. Zürich 1961, 330 S.

psychopathol. Forschungen, Leipzig/Wien.
— *Der Traum*. Stuttgart 1919, 123 S.
SILBERSTEIN, A., *Die Katharsis des Aristoteles*. Leipzig 1867, 76 S.
SIMON, P. M., *Le monde des rêves;* le rêve, l'hallucination, le somnambulisme et l'hypnotisme, l'illusion, les paradis artificiels, le ragle, le cerveau et le rêve. Paris 1888, 325 S.
Sogni e Cabala del Lotto. Ohne Autor, Supplemento No. 45 a Cronaca. Rom 1970, 206 S.
SONNET, A., *Die rätselhafte Welt der Träume*. Heidenheim 1959, 258 S.
SPITTA, H., *Die Schlaf- und Traumzustände der menschlichen Seele*. Freiburg i. B. 1892, 2. Aufl., 420 S.
SPLITTGERBER, F., *Schlaf und Tod*. Halle 1865, 384 und 276 S.
STAHL, W. H., ed., Macrobius, *Commentary on the Dream of Scipio*. New York 1952, 278 S.
STAHR, A., *Aristoteles und die Wirkung der Tragödie*. Berlin 1859, 66 S.
STEVENSON, R. L., *Across the Plains with other Memories and Essays*. London 1905, 212 S.
STRUEMPELL, L., *Die Natur und Entstehung der Träume*. Leipzig 1874, 126 S.
Los Suenos y las Sociedades humanas. Buenos Aires 1964, 671 S.
SYNESIUS VON KYRENE, *Traktat Peri enhypnion*. Venedig 1516 und 1518, Lyon 1549, Paris 1586 und 1612.
SCHÄR, H., *«Bemerkungen zu Träumen der Bibel», Traum und Symbol*. Neuere Arbeiten zur analytischen Psychologie C. G. Jungs. Zürich 1963.
SCHEDLER, M., *Die Philosophie des Macrobius und ihr Einfluß auf die Wissenschaft des christlichen Mittelalters*. Beiträge zur Geschichte der Philosophie des Mittelalters, Texte und Untersuchungen. Münster i. W. 1916, 162 S.
VON SCHELLING, F. W. J., *Werke I*. Augsburg 1858.
SCHERNER, K. A., *Das Leben des Traumes*. Berlin 1861, 374 S.
SCHLEICH, K. L., *Wir schlafen zu wenig*. Basel o. J., nicht pag.
SCHOPENHAUER, A., *Versuch über Geistersehen und was damit zusammenhängt* (Parerga und Paralipomena).
SCHRÖTTER, K., *Experimentelle Träume*, in Zbl. Psychoanal., Wiesbaden.
SCHUBERT, G. H., *Die Symbolik des Traumes*. Leipzig 1840, 324 S.

T

Babylonischer Talmud. Tr. Berachoth 55 a.
TART, CH. T., ed., *Altered States of Consciousness*. New York/London 1969, 575 S.
TERTULLIANUS, *De anima*. ed. J. H. Waszink. Amsterdam 1947, 651 S.
THORNDIKE, L., *A History of Magic and Experimental Science*. VIII. vols. New York 1929–1958.
TISSIE, P., *Les rêves; physiologie et pathologie*. Paris 1898, 220 S.
TRAUGOTT, R., *Der Traum psychologisch und kulturgeschichtlich betrachtet*. Würzburg 1913, 70 S.
Traumbuch Arach. Salzburg 1959, 287 S.
TROXLER, I. P. V., *Blick in das Wesen des Menschen*. 1812.

mit Rücksicht auf physiologische Pathologie, ed. Rudolf Wagner, III. Bd., Braunschweig 1846.

R

Radestock, P., *Schlaf und Traum*. Leipzig 1879, 330 S.
Ramanuja, *Siddhanta*. Ein Kommentar zu den Brahmasutras. Jena 1917, 160 S.
Ratcliff, A. J. J., *A History of Dreams*. A brief account of the evolution of dream theories, with a chapter on the dream in literature. Boston 1923, 247 S.
— *Traum und Schicksal*. Dresden 1925, 328 S.
Reinacher, E., *An den Schlaf*. Stuttgart 1939, 45 S.
Reinhardt, K., *Platons Mythen*. Bonn 1927, 159 S.
Reitzenstein, R., *Die hellenistischen Mysterienreligionen*. Leipzig 1927, 438 S.
Rivers, W. H. R., *Conflict and Dream*. London 1923, 194 S.
Roscher, W. H., *Ausführliches Lexikon der griechischen und römischen Mythologie*. Leipzig 1884–1893.
Rosenkranz, J. K. F., *Psychologie oder die Wissenschaft vom subjektiven Geist*. 2. Aufl. Königsberg 1843, 430 S.
Rousselle, E., *Seelische Führung im lebenden Taoismus*, Eranos-Jb., Zürich 1954.

S

Sanctis, S., *I Sogni*. Studi psicologici e clinici di un alienista. Torino 1899, 390 S.
— *Nuovi contributi alla psicofisiologia del sogno*. Bologna 1933, 21 S.
— *Psychologie des Traumes*. München o. J., 95 S.
Sauneron, S., *Les Songes et leur interprétation; Egypte ancienrte, Babylone, Hittites, Canaan, Israel, Islam, Peuples altaiques, Persans, Kurdes, Inde, Cambodge, Chine, Japon*. Paris 1959, 331 S.
Scarlatini, O., *L'huomo, esue parti figurato, e simbolico, Anatomico, Rationale, Morale, Mistico, Politico, e Legale* etc., mit vielen Stichen, Bologna 1684, 464 und 328 p.
Seafield, F., *The literature and Curiosities of Dreams*; a commonplace book of speculations concerning the mystery of dreams and visions, records of curious and well-authenticated dreams, and notes on the various modes of interpretation adopted in ancient and modern times. London 1865, var. pag. 2 vol.
Servadio, E., *Ein paranormaler Traum in der analytischen Situation*, in Zs. Parapsychol. Grenzgeb. Psychol., Bern.
Shurley, J. T., *Profound Experimental Sensory Isolation*, Am. Journ. Psychiat.
von Siebenthal, W., *Die Wissenschaft vom Traum*. Berlin 1953, 523 S.
Silberer, H., *Zur Charakteristik des lekanomantischen Schauens*, in Zbl. Psychoanal., Wiesbaden.
— *Lekanomantische Versuche*, in Zbl. Psychoanal., Wiesbaden.
— *Zur Frage der SpermatozoenTräume*, in Jb. Psychoanal. psychopathol. Forschungen, Leipzig/Wien.
— *Probleme der Mystik und ihrer Symbolik*. Wien/Leipzig 1914, 283 S.
— *Symbolik des Erwachens und Schwellensymbolik überhaupt*, in Jb. Psychoanal.

Meier, C. A., *Antike Inkubation und moderne Psychotherapie*. Zürich 1949, 137 S.
— *Ancient Incubation and Modern Psychotherapy*. Evanston 1967, 152 S.
— *Die Empirie des Unbewußten*. Zürich 1968, 253 S.
— *A Jungian View*, Dream Psychology and the New Biology of Dreaming, ed. M. Kramer. Springfield Ill. 1969.
— *Zeitgemäße Probleme der Traumforschung*, Kultur- und staatswiss. Schr. ETH, Zürich.
— *Psychosomatik in Jungscher Sicht*, in Psyche, Stuttgart.
— *Spontanmanifestationen des kollektiven Unbewußten*, in Zbl. f. Psychother., Leipzig.
— *Psychosomatic Medicine from the Jungian Point of View*, in Journ. Anal. Psych., London.
Meier, C. A., Ruef, H., Ziegler, A. und Hall, C. C., *Forgetting of Dreams in the Laboratory*, Perceptual and Motor Skills, USA.
Meier, G. F., *Versuch der Erklärung des Nachtwandelns*. Halle 1758.
Michelsen, K., *Neun Träume*. Leipzig 1892, 54 S.
Migne, Patrol. Graec. Lat. tom. 66.
Müller, J., *Über die phantastischen Gesichtserscheinungen* (reprint). München 1967, 117 C.

N

von Negelein, J., *Der Traumschlüssel des Jagaddeva*. Gießen 1912, 428 S.
Nerol, T., *Sepher Haolamoth sive Opus encyklopadeicum tripertitium Hebraice*. Venedig 1707/08.
Nietzsche, F., *Die Geburt der Tragödie*. 1870/71.
— Menschliches, *Allzumenschliches*. 1876–78.
— *Morgenröte*. 1880/81.
Normann, R., *Die Symbolik des Traumes*. Prien 1923, 263 S.

O

Oppenheim, A. L., *The Interpretation of Dreams in the Ancient Near East*, in Transact. Amer. Philos. Soc., Philadelphia.
Oswald, I., *Sleeping and Waking*. Amsterdam/New York 1962, 232 S.

P

Pack, R. A., *Artemidori Daldiani, Onirocriticon Libri v, Bibliotheca Teubneriana*. Leipzig 1963, 359 S.
Pauli, W., *Die philosophische Bedeutung der Idee der Komplementarität*, in Experientia, Basel.
Pererius, B., *De magia, de observatione somniorum, et de divinatione astrologica libri tres; adversus fallaces et superstitiosas artes*. Coloniae Agrippinae, apud Ioannem Gymnicum 1598, 236 S.
Peucer, C., *Commentarius de praecipuis divinationum generibus, in quo a prophetis divina autoritate traditis, et physicis praedictionibus, separantur diabolicae fraudes et superstitiosae observationes*. Wittenberg 1553, 335 S.
Prince, M., *The Dissociation of a Personality*. London 1905, 575 S.
Purkinje, J. E., *Wachen, Schlaf und verwandte Zustände*. Handwörterbuch der Physiologie

LANG, W., *Das Traumbuch des Synesius von Kyrene*. Tübingen 1926.
LAUER, CH., *Das Wesen des Traumes in der Beurteilung der talmudischen und rabbinischen Literatur*, in Internat. Z. f. Ärztl. Psychoanal.
LAZARI, D., *Dyonysii Lazari ... tractatulus de somniis*. Venedig 1606, 70 S.
LEANDER, R., *Träumereien an französischen Kaminen*. Leipzig 1871, 165 S.
LEISEGANG, H., *Pneuma hagion; der Ursprung des Geistbegriffs der synopt. Evangelien aus der griechischen Mystik*. Leipzig 1922, 150 S.
LEONHARD, K., *Die Gesetze des normalen Träumens*. Leipzig 1939, 124 S.
LERSCH, PH., *Der Traum in der deutschen Romantik*. München 1923, 68 S.
LEWIS, N. D. C. und LANDIS, C., *Freud's Library*, in The Psychoanalytic Review, USA.
LINKE, H., *Über Macrobius' Kommentar zu Ciceros Somnium Scipionis*, Philologische Abhandlungen, Berlin.
LOOMIS, A. L., HARVEY, E. N. und Hobart, G. A., *Cerebral States during Sleep as studied by human Brain Potentials*, in Journ. Exp. Psychol.
LUCE, G. G., *Current Research on Sleep and Dreams*. U. S. Department of Health, Education, and Welfare, o. D., 125 S.
LUDWIG, A., *Die Schrift《peri enhypnion》des Synesius von Kyrene*, Psychische Studien, Leipzig.
LUNGWITZ, H., *Das Träumen als geistig-seelische Nachtarbeit*. Halle a. S. 1938, 60 S.

M

MAC KENZIE, N., *Dreams and Dreaming*. London 1965, 351 S.
MACLEOD, F., *Das Reich der Träume*. Jena/Leipzig 1905, 311 S.
MACNISH, R., *Der Schlaf in allen seinen Gestalten*. Leipzig 1835, 234 S.
MACROBIUS, *Commentary on the Dream of Scipio*. New York 1952, 278 S.
— *Macrobii Aurelii Theodosii in somnium Scipionis libri II; saturnaliorum libri VII; nunc denuo recogniti et multis in locis aucti*. Lugduni 1538, 586 S.
— *Aur. Theodosii Macrobii opera ad optimas editiones collata; praemittitur notitia literaria; ed accurata*. Biponti 1788, 381 und 343 S.
— *Les saturnales*. Paris o. J., pag. var.
MAETERLINCK, M., *Deux contes: Le massacre des innocents-Onirologie*. Paris 1918, 85 S.
MAHONEY, M. F., *The Meaning in Dreams and Dreaming; the Jungian Viewpoint*. New York 1966, 256 S.
MARMOR, J., *Psychoanalytic Therapy as an Educational Process, in Masserman, J., ed., Science and Psychoanalysis*, vol. 5. New York 1962.
— *Psychoanalytic Therapy and Theories of Learning, in Masserman, J., ed., Science and Psychoanalysis*, vol. 7. New York 1964.
— *Limitations of Free Association*, in Arch. Gen. Psychiat. vol. 22, 1970.
MARROU, H. I., *Synesios of Cyrene and Alexandrian Neoplatonism, in The Conflict between Paganism and Christianity in the Fourth Century*, ed. Momigliano (Oxford-Warburg Studies). Oxford 1963.
MAURY, A., *Le sommeil et les rêves*. Paris 1865, 484 S.
MAYER, F., *Die Struktur des Traumes*. Haag 1937, 55 S.

— *Zur Methodik; einführende Thesen*. Manuskript im Besitz von C. A. Meier.
— *Psychologie und Alchemie*. Zürich 1944, 696 S. (Ges. Werke Bd. 12).
— *Vom Wesen der Träume*, Ciba-Z., Basel 1945 (Ges. Werke Bd. 8).
— *Synchronizität als ein Prinzip akausaler Zusammenhänge*, Naturerklärung und Psyche. Zürich 1952 (Ges. Werke Bd. 8).
— *Über psychische Energetik und das Wesen der Träume*. Zürich 1948, 311 S. (Ges. Werke Bd. 8).
— *Erinnerungen, Träume, Gedanken*. Zürich 1962, 422 S.
JUNG, C. G. und PAULI, W., *Naturerklärung und Psyche*. Studien aus dem C. G. Jung-Institut. Zürich 1952, 194 S.
JUNG, C. G. und WILHELM, R., *Das Geheimnis der Goldenen Blüte*. München 1929, 161 S.
JUNG, J. H., *Theorie der Geister-Kunde in einer natur-, vernunft- und bibelmäßigen Beantwortung der Frage: was Ahnungen, Gesichten und Geistererscheinungen geglaubt und nicht geglaubt werden müßte*. Leipzig 1903, 335 S.

K

KALES, A., ed., *Sleep Physiology and Pathology*. Philadelphia/Toronto 1969, 360 S.
KEHRER, R. A., *Wach- und WahrTräumen bei Gesunden und Kranken*. Leipzig 1945, 72 S.
KELCHNER, G. D., *Dreams in old Norse literature and their affinities in folklore*. Cambridge 1935, 154 S.
KELLER, G., *Das Tagebuch und das Traumbuch*. Basel 1942, 106 S.
KELSER, M. T., *Dreams the dark Speech of the Spirit*. New York 1970. 239 S.
KERENYI, K., *Mythologie der Griechen*. Zürich 1951, 312 S.
— *Die Heroen der Griechen*. Zürich 1958, 476 S.
KETY, S., EVARTS, E. V. und WILLIAMS, W. L., ed., *Sleep and altered States* of Consciousness, Proc. Ass. Res. in Nervous and Mental Disease, Vol. 14. Baltimore 1967, 591 S.
KIESSIG, M., ed., *Dichter erzählen ihre Träume*. Selbstzeugnisse deutscher Dichter aus zwei Jahrhunderten. Düsseldorf/Köln 1964, 324 S.
KLEITMAN, N., *Sleep and Wakefulness*. Chicago/London 1963, 552 S.
KÖNIG-FACHSENFELD, O., *Wandlungen des Traumproblems von der Romantik bis zur Gegenwart*. Stuttgart 1935, 138 S.
KRAEPELIN, E., *Die Sprachstörungen im Traum*. Leipzig 1906.
KRAMER, M., ed., *Dream Psychology and the New Biology of Dreaming*. Springfield 1969, 495 S.
KRÜGER, J. G., *Joh. Gottlob Krügers Träume*. Opus aureum de quidditate idditatis iussu Apollinis editum ... sowie eine Übersetzung aus den cérémonies et coutumes religieuses de tous les peuples du monde. Halle im Magdeburgischen 1765, 79 S.
KÜNIGSPERGER, J., *Kalender von allerhandt artzney*. Augsburg 1539.

L

LACOMBRADE, C., *Synesios de Cyrène*. Paris 1951.
LADD, G. T., *Contribution to the Psychology of visual Dreams*, Mind. London 1892.
LANG, A., *The Book of Dreams and Ghosts*. London 1897, 301 S.

Zuschauer? oder Der aus den Schriften des Aristoteles erbrachte wissenschsftliche Beweis für die intellektualistische Bedeutung von 《Katharsis》. Berlin 1915.
Heimann, B., *Die Tiefschlafspekulation der alten Upanishaden*. Untersuchungen zur Geschichte des Buddhismus vii. München 1922.
Hennings, J. C., *Von den Ahnungen und Visionen*. Leipzig 1777, 484 S.
Henry-Couannier, M., *Saint François de Sales et ses amitiés*. Paris/Bruxelles 1956.
Hentze, C., *Das Haus als Weltort der Seele*. Stuttgart 1961, 179 S.
Heraklit, fragm. ed. B. Snell. München 1926, 21 S.
Herzog, R., Die Wunderheilungen von Epidauros, Philologus, Supplementband xxii, Heft iii. Leipzig 1931.
Hill, B., ed., *Such Stuff as Dreams*. London 1967, 214 S.
Hoche, A., *Das Träumende Ich*. Jena 1927, 190 S.
von Hofmannsthal, H., *Ariadne auf Naxos*. 1912.
Huxley, A., *The Devils of Loudun*. London 1952, 376 S.
— *The Doors of Perception*. London 1954.

J

Jackson, J. H., *Selected Writings*, ed. James Taylor, 2 Bde. London 1958.
Jacob, G., *Märchen und Traum*. Hannover 1923, 111 S.
Janet, P., *L'état mental des hystériques*. Paris 1893/94, 708 S.
— *Les oscillations du niveau mental*. Nouveau traité de psychologie. Tome iv, F. 3. Paris 1937.
Jessen, P., *Versuch einer wissenschaftlichen Begründung der Psychologie*. Berlin 1855, 715 S.
Jezower, I., *Das Buch der Träume*. Berlin 1928, 729 S.
Johnson, A., *Dream-analysis*. Glasgow 1918, 101 S.
Jones, R. M., *Ego Synthesis in Dreams*. Cambridge/Ma. 1962, 100 S.
— *The New Psychology of Dreaming*. New York/London 1970, 221 S.
Jung, C. G., *Zur Psychologie und Pathologie sogenannter occulter Phänomene*. Leipzig 1902, 122 S. (Ges. Werke Bd. 1).
— *Collected Papers on Analytical Psychology*. London 1916, 492 S.
— *Psychologische Typen*. Zürich 1921, 708 S. (Ges. Werke Bd. 6).
— *Assoziation, Traum und hysterisches Symptom*. Diagnostische Assoziationsstudien viii, in Journ. Psychol. Neurol., Leipzig (Ges. Werke Bd. 2).
— *Ein Beitrag zur Kenntnis des Zahlentraumes*, in Zbl. Psychoanal., Wiesbaden (Ges. Werke Bd. 4).
— *Allgemeine Gesichtspunkte zur Psychologie des Traumes*, Über die Energetik der Seele. Zürich (Ges. Werke Bd. 8).
— *Die praktische Verwendbarkeit der Traumanalyse*, Wirklichkeit der Seele. Zürich (Ges. Werke Bd. 16).
— *Allgemeines zur Komplextheorie*, Kultur- und staatswiss. Schr. ETH. Zürich (Ges. Werke Bd. 8).
— *Traumsymbole des Individuationsprozesses*, Eranos-Jb., Zürich (Ges. Werke Bd. 12).
— *Psychologie und Religion*. Zürich 1940, 190 S. (Ges. Werke Bd. 11).

Fischgold, H., ed., *Le sommeil de nuit normal et pathologique*. Paris 1965, 391 S.
Foucault, M., *Le rêve; études et observations*. Paris 1906, 304 S.
Foulkes, D., *Die Psychologie des Schlafes*. Frankfurt 1969, 220 S.
Freud, S., *Selbstdarstellung*. 2. Aufl. Wien 1936 (Ges. Werke Bde. 14 u. 16).
— *Die Traumdeutung*. Leipzig/Wien 1900 (Ges. Werke Bd. 2/3).
— *Über den Traum*. Wiesbaden 1911, 44 S. (Ges. Werke Bd. 2/3).
Frétigny, R. und Virel, A., *L'Imagerie mentale*. Introduction à l'onirothérapie. Genf 1968, 344 S.
Frobenius, L., *Das Zeitalter des Sonnengottes*. Berlin 1904, 421 S.

G

Geffcken, J., *Der Ausgang des griechisch-römischen Heidentums*. Heidelberg 1920.
Giessler, K. M., *Beiträge zur Phänomenologie des Traumlebens*. Halle a. S. 1888, 49 S.
— *Aus den Tiefen des Traumlebens*. Halle a. S. 1890, 210 S.
— *Die physiologischen Beziehungen der Traumvorgänge*. Halle a. S. 1896, 45 S.
Ginzberg, L., *The Legends of the Jews*, Vol. II, Philadelphia 1954. 7 Bde. The Jewish Publication Soc. of America. Translated from the German M. S. by Henrietta Szold (10. Aufl.), orig. 1909.
Gonseth, J. P., *Théâtre de veille et théâtre de songe*. Neuchâtel 1950, 108 S.
Gotthelf, J., *Jakobs Wanderungen*. Lützelflühe 1842.
Graber, J. G. und Gichtel, J. G., *Eine kurtze Eröffnung und Anweisung Der dreyen Principien und Welten im Menschen. In unterschiedlichen Figuren vorgestellet*. o. O. 1696, 175 S.
Green, C. E., *Lucid Dreams*. London 1968, 194 S.
Grinstein, A., *On Sigmund Freud's Dreams*. Detroit 1968, 475 S.
von Grunebaum, G. E. und Caillois, R., ed., *The Dream and Human Societies*. Berkeley/Los Angeles 1966, 457 S.
Gruetzmacher, G., *Synesios von Kyrene*. Ein Charakterbild aus dem Untergang des Hellenentums. Leipzig 1913, 180 S.

H

Hagen, W., *Künstliche Traumerzeugung oder die Kunst, das Traumleben nach eignem Wunsch zu lenken und zu beeinflussen*. Berlin o. J., 58 S.
Hall, C. S., *The Meaning of Dreams*. New York 1966, 244 S.
Hall, C. S. und van de Castle, R. L., *The Content Analysis of Dreams*. New York 1966, 320 S.
Hall, C. S. und Lind, R. E., *Dreams, Life, and Literature*. Chapel Hill 1970, 133 S.
Hamilton, M., *Incubation or the Cure of Disease in Pagan Temples and Christian Churches*. London 1906, 223 S.
Hart, D., *Der tiefenpsychologische Begriff der Kompensation*. Zürich 1956 (Zürcher Diss.), 194 S.
Hartmann, E., *The Biology of Dreaming*. Springfield 1967, 206 S.
Haupt, S. O., *Wirkt die Tragödie auf das Gemüt oder den Verstand oder die Moralität der*

Curtiss, S. J., *Ursemitische Religion im Volksleben des heutigen Orients*, deutsch von W. Graf Baudissin. Leipzig 1903.

D

Delage, Y., *Le rêve; étude psychologique, philosophique et littéraire*. Paris 1919, 696 S.
Delbceuf, J., *Le sommeil et les rêves considérés principalement dans leurs rapports avec les théories de la certitude de la mémoire*. Paris 1885, 262 S.
Dement, W. und Kleitman, N., *Cyclic Variations in EEG during Sleep and their Relation to Eye Movement, Body Motility and Dreaming*, in Electorenceph. Clin. Neurophysiol. 9, 1957.
Dessoir, M., *Das Ich, der Traum, der Tod*. Stuttgart 1947, 192 S.
Diamond, E., *The Science of Dreams*. London 1962, 243 S.
Documenta Geigy: *Im Schatten der Nacht*, 5 Hefte, unpag., Basel 1958–59.
Heft 1:(U. Rahm). Das Nachtleben von Urwaldtieren, 1958
Heft 2:(R. Geigy). Nächtliche Blutsauger, 1959
Heft 3:(E. M. Lang). Nächtliches Leben im Zoo, 1959
Heft 4:(A. Portmann). Tierisches Licht im Dunkeln, 1959
Heft 5:(E. Sutter). Der nächtliche Vogelzug, 1959
Dreams and self-knowledge. London 1956, 228 S.
Drummond, J., *Inheritance of Dreams*. London 1945, 210 S.
Dunne, J. W., *An Experiment with Time*. London 1927, 288 S.
— *The serial Universe*. London 1934, 240 S.
Du Prel, K., *Gibt es WarnungsTräume?* Leipzig 1893, 54 S.
Dyroff, A., *Aus schlichten Traumbeobachtungen*. Leipzig 1930, 44 S.

E

Ehrenwald, I., *New Dimensions of Deep Analysis*. London 1954, 316 S.
Ehrlich, E. L., *Der Traum im Alten Testament*, in Z. f. atliche. Wissenschaft, Beihefte 73. Berlin 1953, 179 S.
Eisenbud, J., *Psi and Psychoanalysis*. New York/London 1970, 359 S.
Elferink, M. A., *La descente de l'âme d'après Macrobe*. Leiden 1968, 69 S.
Ellis, H., *Die Welt der Träume*. Würzburg 1911, 296 S.
Eschenmayer, C. A., *Psychologie in drei Theilen*. Stuttgart/Tübingen 1822, 537 S.
Esser, P. H., *Die Welt der Träume*. Konstanz 1966, 319 S.
Ettlinger, E., *Precognitive Dreams in Celtic Legend*. London 1948, in Folk-Lore LIX, 21 S.

F

Fabius, E., *Specimen psychologico-medicum de somniis, quod, annuente summo numine, ex auctoritate rectoris magnifici J. L. C. Schroeder van der Kolk ... pro gradu doctoratus ... in Academia Rheno-trajectina ... publico ac solemni examini submittit Everardus Fabius*. Amsterdam 1836, 206 S.
Fichte, J. H., *Psychologie*. Leipzig 1864, 744 und 258 S.
Fischer, O., *Orientalische und griechische Zahlensymbolik*. Leipzig 1918, 59 S.

Aserinsky, E. und Kleitman, N., *Regularly occurring periods of eye motility and concomittant phenomena during sleep*, in Science 118, 1953.
Die Astronomischen Lehrsätze nach lehrende Chiromantie. Frankfurt/Leipzig 1746, 404 S.

B

Bachelard, G., *Le droit de rêver*. Paris 1970, 250 S.
Baust, W., ed., *Ermüdung, Schlaf und Traum*. Stuttgart 1970, 314 S.
Becker, R., *The Understanding of Dreams or the Machinations of the Night*. London 1968, 432 S.
Beguin, A., *L'âme romantique et le rêve*. Paris 1937, 2. Aufl. 1963, 416 S.
Behn, S. und Lindworsky, J., *Psychologische Methoden der Traumforschung*. Berlin/Wien 1922, 78 S.
Berger, H., *Über das Elektroenkephalogramm des Menschen*, in Journ. Psychol. Neurol. 40, 1930.
Bernays, J., *Grundzüge der verlorenen Abhandlung des Aristoteles über Wirkung der Tragödie*. Breslau 1857. Neudruck Hildesheim 1970, 70 S.
Bertin, L., *Eels*. London 1956, 192 S.
Binswanger, L., *Wandlungen in der Auffassung und Deutung des Traumes von den Griechen bis zur Gegenwart*. Berlin 1928, 112 S.
Bjerre, P., *Das Träumen als Heilungsweg der Seele*. Zürich/Leipzig 1936, 214 S.
Bohr, N., *Licht und Leben*, in Die Naturwissenschaften 21, Berlin 1933.
Bolte, J. und Polivka, G., Anmerkungen zu den Kinder- und Hausmärchen der Brüder Grimm. Berlin 1915–37, 5 Bde.
Boss, M., *Der Traum und seine Auslegung*. Bern 1959, 319 S.
Bossard, R., *Psychologie des Traumbewußtseins*. Zürich 1951, 419 S.
Breger, L., *Function of Dreams*, in Journ. abnorm. Psychol. Monograph 72, 1967.
Das Büchlein vom guten Schlaf. Chemische Werke Albert, ed., Leipzig o. J., 46 S.
Büchsenschütz, B., *Traum und Traumdeutung im Alterthume*. Berlin 1868, 94 S.

C

Calgari, G., *Il sonno e i sogni*. Bologna 1928, 79 S.
Cardanus, H., *Somniorum Synesiorum, omnis generis insomnia explicantes*, libri iv. Basel 1562, 413 S.
Carus, C. G., *Vorlesungen über Psychologie*, ed. Edgar Michaelis 1831, Neuausgabe Zürich 1931, 460 S.
Cassina, U., *Congetture su i sogni*. Parma 1783, 66 S.
Cicero, M. T., Somnium Scipionis. Firenze 1962, 46 S.
— *Gedanken über Tod und Unsterblichkeit*. Hamburg 1969, 201 S.
Clodd, E., *Miti e sogni*. Torino 1905, 252 S.
Cohn, T. (Tobia Kohen b. [Jirmijja] Moses Nerol.), Sepher haolamoth s.
Opus Tobiae encyklopaedicum tripertitum Hebraice. Venedig 1707/08.
Del Corno, D., *Graecorum de re oneirocritica scriptorum reliquiae*. Milano 1969, 206 S.

文献

この文献録は、夢に関する著作を完全に網羅することを目ざしているのではない。その種の目録は、フロイトの『夢判断』の新しい版や、ジーベンタールの著書においてたやすく目にすることができる。しかしここには、本文において引用され、論じられた著作の他にも、なおいくつかの論文を挙げておいた。それらの論文はユング派の立場の理解を助けるし、たとえ本文において引用されていなくとも、この本を書くにあたって重要であったからである。

A

Abegg, E., *Indiscbe Psychologie*. Zürich 1945, 132 S.

Abt, L. E. und Riess, B. F., ed., *Dreams and Dreaming*. New York/London 1968, 192 S.

Ahlenstiel, H. und Kaufmann, R., *Vision und Traum*. Stuttgart 1962, 107 S.

Ahlfeld, F., *Traum und Traumformen*; ein Beitrag zur Frage nach der Entstehung des Traumes und seiner Bilder. Leipzig 1916, 34 S.

Ahmad Ibn Sirin, *Apomasaris Apotelesmata, sive de significatis et eventis insomniorum, ex Indorum, Persarum, Aegyptorumque disciplina*; depromptus ex Jo. Sambuci bibliotheca liber, 10. Leunclaio interprete. Frankfurt 1577, 405 S.

Akert, K., Bally, C. und Schade, J. P., *Sleep Mechanisms* (Progress in Brain Research, Vol. 18). Amsterdam/London/New York 1965, 257 S.

Allendy, R., *Le symbolisme des nombres*. Paris 1921, 408 S.

Ambelain, R., *Les visions et les rêves; leur symbolisme prémonitoire*. Paris 1953, 183 S.

Andersson, O., *Studies in the Prehistory of Psychoanalysis*. Norstedts 1962, 238 S.

Andres, S., *Die Versuchung des Synesios*. München 1971.

Apomasaris Traumbuch. Wittemberg 1627, 108 S.

Aristides, Aelius, *hieroi logoi I*.

Aristoteles, *Politik* VIII.

— *De insomniis et de divinatione per somnum*. Leiden 1947.

Artemidorus und Achmet, Artemidori & Achmetis Sereimi F. oneirocritica; Astrampsychi & Nicephori versus etiam oneirocritici; Nicolai Rigaltii ad Artemidorum notae. Lutetiae 1603, 675 S.

— *Traumbuch*. Leipzig 1677, 467 S.

— *Onirocriticon libri s*. Lipsiae 1963, 359 S.

— *Symbolik der Träume*. Wien 1881, 333 S. Neuauflage ed. M. Kaiser, Basel/Stuttgart 1965.

Artemidoro Daldiano, *Dell'interpretazione dei Sogni* nella traduzione di Pietro Lauro Modenese. Rom 1970, 229 S.

本書は一九八九年に創元社から刊行した書籍を新装のうえ、全面的に組み替えしたものです。

〈著者略歴〉
C･A･マイヤー
1905年、スイスのシャッフハウゼンに生まれ、チューリッヒ大学に学び、1929年医学博士。1930年から1936年までチューリッヒ大学付属ブルクヘルツリ精神病院に勤務した後、個人開業。ユングとは最初から研究を共にし、1948年にユング研究所が設立されたときに初代所長に就任し、1957年まで務める。1961年教授。分析心理学会の長老として活躍していたが、1995年死去。著書として『ユング心理学概説』(創元社)、『夢の治癒力』(筑摩書房)などがある。

〈監修者略歴〉
河合隼雄（かわい･はやお）
1928年、兵庫県に生まれる。1952年、京都大学理学部卒業。京都大学教授。1965年、ユング派分析家の資格を取得。国際日本文化研究センター所長、文化庁長官を歴任。2007年死去。
著書に『ユング心理学入門』、『昔話と日本人の心』、『宗教と科学の接点』、『子どもと悪』、『子どもの本を読む』(岩波書店)、『カウンセリング入門』、『カウンセリングを考える』、『河合隼雄のカウンセリング教室』(創元社)、『明恵　夢を生きる』(講談社+α文庫)、他多数。

〈訳者略歴〉
河合俊雄（かわい･としお）
1957年、奈良県に生まれる。1980年、京都大学教育学部卒業。1982年、同大学院臨床心理学修士課程修了。1987年、チューリッヒ大学PhD(心理学)、1990年、ユング派分析家の資格を取得。現在、京都大学こころの未来研究センター教授。
著書に『ユング　魂の現実性』(岩波現代文庫)、『ユング派心理療法』(ミネルヴァ書房)、訳書に『赤の書』(創元社)、他多数。

創元
アーカイブス

夢《ゆめ》の意味《いみ》

2019年9月20日　第1版第1刷発行

著　者　C・A・マイヤー
監修者　河合隼雄
訳　者　河合俊雄
発行者　矢部敬一
発行所　株式会社 創元社
〈本　　社〉〒541-0047 大阪市中央区淡路町4-3-6
電話(06)6231-9010㈹
〈東京支店〉〒101-0051 東京都千代田区神田神保町1-2 田辺ビル
電話(03)6811-0662㈹
〈ホームページ〉https://www.sogensha.co.jp/
印刷　太洋社

ISBN978-4-422-11724-9 C3011